팔복

예수님이 가르쳐 주신 복

팔복

1판 2쇄 인쇄 2013년 3월 25일
1판 2쇄 발행 2013년 4월 7일

지 은 이 이정익
펴 낸 이 강일구, 오희천
펴 낸 곳 에스포럼
기　　획 조준철
편　　집 김선호, 김경화
디 자 인 트리니티(02-793-9076)
삽　　화 이갑규(grilleon@naver.com)
인　　쇄 천광인쇄(031-943-5123)
출판등록 2012년 5월 21일
주　　소 서울특별시 마포구 신촌로 12길 12
대표전화 02)3142-6087
팩　　스 02)336-4188
http://forum.eshinchon.org/

ISBN 978-89-969273-0-3
책값은 뒤표지에 있습니다.

이 책 내용의 일부 또는 전부를 재사용하려면 반드시
에스포럼의 동의를 얻어야 합니다.

잘못 만들어진 책은 구입하신 서점에서 교환해드립니다.

예수님이 가르쳐 주신 복

팔복

이정익 지음

S포럼

| 프롤로그 |

복 있는 사람의 비밀

사람들은 현재 자신이 가지고 있지 않은 것을 채우게 되면 행복해질 거라고 생각합니다.

어린 시절에는 누구나 빨리 어른이 되기를 희망합니다. 정작 어른이 된 뒤에는 젊어지기를 갈구합니다. 돈을 벌기 위해서 건강을 잃고 다시 건강을 되찾기 위해서 돈을 지불합니다. 평상시에는 영원히 죽지 않을 것처럼 삶을 허비하다 돌연 찾아온 죽음 앞에 지난 삶을 후회합니다.

누구나 복 받기를 원하고 행복해지기를 원합니다. 그런데 왜 우리에게는 언제나 없는 것에 대한 아쉬움과 후회만 가득한 것일까요? 진정한 복이란 무엇일까요? 진짜 행복한 삶은 어떤 것일까요?

하나님께서는 '여호와는 복 주시고, 지키시는 분이며, 은혜와 평강을 주시는 분'민 6:24~26이라고 선언하고 축복하라고 하셨습니다. 하나님은 복을 주시는 분입니다. 성경은 하나님의 자녀들이 받는 복에 대한 말씀들로 가득합니다.

우리가 하나님이 말씀하신 이런 복을 받으려면 어떻게 해야 할까요? 어떻게 해야 복이 있는 사람이 될 수 있을까요?

여기에 대한 해답을 예수님이 마태복음 5장에서 7장을 통해 가르쳐주십니다.

이 부분을 특별히 '산상수훈' '산상보훈'이라고 하는데, 예수님이 갈릴리 해변의 작은 언덕 위에서[산상山上] 주신 보물 같은 가르침[수훈垂訓, 보훈寶訓]이라고 해서 붙여진 이름입니다.

산상수훈에는 하나님이 우리에게 무엇을 요구하시는지, 우리가 어떻게 해야 진정한 그리스도인이 될 수 있는지, 하나님의 복을 받으려면 어떻게 해야 하는지에 관한 핵심적인 이야기들이 담겨 있습니다.

그리고 그 시작이 바로 '복 있는 사람' 즉 "팔복"에 관한 이야기입니다. 성경의 서신서는 앞부분에 교리, 뒷부분에 실천 방안을 이야기합니다. 산상수훈도 그런 방식으로 기록되어 있습니다. 산상수훈의 맨 앞에서 말씀하신 "팔복"은 교리이고 원리입니다. 그리고 뒤에 나오는 내용은 모두 실천할 내용들입니다.

"팔복"에서 예수님은 여덟 가지 복 있는 사람에 대해 말씀하십니다. 이것이 복에 대한 예수님의 정의입니다.

"팔복"을 요약하면 두 가지로 설명할 수 있습니다.

하나는, 우리는 하나님 안에서 살아야 한다는 것입니다. 진정한 복을 누리려면 하나님 안에 살면서, 하나님의 다스림을 받고, 하나님으로부터 위로와 힘을 얻고, 소명을 이루어 자녀로 인정받는 삶을 살아야 합니다. 하나님 안에서 누리는 복이 진정한 복이고 복 중의 복이라는 것입니다.

또 하나는, 하나님을 위해 자신의 모든 것을 다 버릴 수 있어야 한다는 것입니다. 사도 바울은 '나는 예수를 위해서 다 버린다'고 했습니다. 사람들은 더 많은 것을 얻는 것이 복이고, 버리는 것이 불행이라고 생각합니다. 그러나 예수님은 모든 것을 버릴 수 있어야 복이 있다고 하십니다.

《피로사회》라는 책을 쓴 한병철 교수는 현대의 문제는 결핍이 아니라 과잉이라고 지적합니다. 긍정성의 과잉, 소유의 과다는 우리 삶에서 깊은 사색을 몰아내는 주요 원인입니다.

우리는 과거보다 더 많은 것을 가지고 있고, 더 풍요로운 삶을 살고 있습니다. 그렇지만 과거보다 더 많은 사람들이 삶에 만족하지 못하고 행복을 찾아 방황하고 있습니다. 눈에 띄게 우울증 환자들이 늘어나고, OECD 최고의 자살률을 기록하고 있습니다.

"팔복"은 이러한 시대에 예수님이 우리에게 내려주신 명쾌한 해답입니다.

진정한 복이 무엇인지, 또 우리가 그 진정한 복을 받으려면 어떻게 해야 하는지가 "팔복" 안에 들어 있습니다. 어떤 사람이 행복을 누리는지, 아쉬움과 후회가 없는 삶은 어떻게 가능한 것인지가 "팔복"에 있습니다.

'팔복'을 이해하면 복이 보입니다. 행복이 보입니다. 진정한 그리스도인의 삶이 보입니다.

예수님이 가르쳐주신 행복한 삶의 해답이 바로 "팔복" 안에 들어 있습니다.

2013년 3월, 새 봄을 맞으며

이 정 익

차례

프롤로그 4

첫 번째 복
마음이 가난한 사람이 받는 복 • 10

두 번째 복
애통해하는 사람이 받는 복 • 30

세 번째 복
온유한 사람이 받는 복 • 54

네 번째 복
의에 주리고 목마른 사람이 받는 복 • 78

다섯 번째 복
긍휼히 여기는 사람이 받는 복 • 100

여섯 번째 복
마음이 청결한 사람이 받는 복 • 126

일곱 번째 복
화평케 하는 사람이 받는 복 • 154

여덟 번째 복
의를 위하여 핍박받는 사람이 받는 복 • 184

에필로그 212

'가난하다'는 히브리어로 '아나빔'입니다. '아나빔'은 '겸허한 심령 상태'를 말합니다. 즉 '심령이 가난하다'는 것은 겸손과 겸허한 마음을 가지고 있다는 의미이기도 합니다. 신앙생활에는 이렇게 가난한 마음이 필요합니다.

첫 번째 복

마음이 가난한 사람이 받는 복

유리병 하나는 가득 차 있고, 또 다른 유리병은 비어 있습니다.
아주 귀한 것이 생겨서 담으려 한다면 어떻습니까?
당연히 비어 있는 유리병에 담을 것입니다.
우리의 마음, 즉 심령도 마찬가지입니다.
우리 마음 안에 어떤 것이 가득 차 있다면 아무리 좋은 것도 우리 마음 안으로 들어오지 못합니다.
더 좋은 것이 우리 마음 안에 들어오려면 마음이 비워져 있어야 합니다.
심령이 가난해야 합니다.

심령이 가난한 사람

> 심령이 가난한 사람은 복이 있나니
> 천국이 저희 것임이요
> 마태복음 5장 3절

심령의 가난함

"심령이 가난한 사람은 복이 있다"고 말씀하십니다. 이것이 첫 번째 복입니다.

복에 대해 이야기하는데 '가난'이라니요? 뭔가 잘못 보았나 싶어서 다시 봐도 '가난'입니다. 우리가 생각하는 '복'과는 멀어도 한참 멉니다. 가난은 말 그대로 가난입니다. 가난은 무엇인가 부족하고 없는 상태입니다. 궁핍하고 빈곤한 상태입니다.

그런데 심지어 누가복음에서는 "너희 가난한 사람은 복이 있나니"눅 6:20라고 아무런 설명이나 수식도 없이 그저 '가난한 사람'이 복이 있다고 하십니다.

마태복음에서는 '가난한 사람' 앞에 '심령'이라는 단어가 있습니다. 심령은 헬라어로 '프뉴마πνεύμα'입니다. 프뉴마는 '속사람'이라는 의미입니다. 그 의미를 조금 더 풀어서 말하면 '내 안의 나'입니다. 그러니까 '심령이 가난하다'는 말의 의미는 "내 안의 내가 가난하다"라고 풀이할 수 있습니다. 조금 쉽게 말하면 마음이 빈 상태를 말합니다.

그렇다면 마음이 비어 있다는 것은 어떤 것일까요? 잠깐 작은 유리병 두 개를 떠올려봅시다. 한 개 유리병은 가득 차 있고, 또 다른 유리병은 비어 있습니다. 아마도 당장은 가득 차 있는 유리병이 더 좋아보일 것입니다. 그러나 아주 귀한 것이 생겨서 담으려 한다면 어떻습니까? 당연히 비어 있는 유리병에 담을 것입니다. 이미 가득 차 있는 유리병은 어떻습니까? 담겨 있는 것을 비우기 전에는 더 좋은 것을 담을 수 없습니다. 우리의 마음, 즉 심령도 마찬가지입니다.

우리 마음 안에 어떤 것이 가득 차 있다면 아무리 좋은 것도 우리 마음 안으로 들어오지 못합니다. 더 좋은 것이 우리 마음 안에 들어오려면 마음이 비워져 있어야 합니다. 심령이 가난해야 합니다.

'가난하다'는 히브리어로 '아나빔ענוים'입니다. '아나빔'은 '겸허한 심령 상태'를 말합니다. 즉 '심령이 가난하다'는 것은 겸손과 겸허한 마음을 가지고 있다는 의미이기도 합니다. 신앙생활에는 이렇게 가난한 마음이 필요합니다.

가난한 예수

겸손과 겸허의 최고 모델은 예수님입니다. 예수님은 겸손과 겸허함 그 자체였습니다. 하나님의 아들이 세상에 내려오신 것 자체가 겸허인데, 그중에서도 가장 낮은 곳에 오셨습니다. 말구유에서 태어나셨고 가난한 목수의 아들이셨습니다.

예수님은 사는 동안 가장 낮은 사람들과 함께하셨습니다. 세리, 사마리아 사람, 어린아이, 귀신 들린 사람, 나병환자, 앉은뱅이, 소경들과 함께하셨습니다. 예수님 당시에는 하나같이 사람 취급을 못 받던 이들이었습니다. 아무도 이들을 만나려고 하지 않고 외면할 때 예수님은 이들과 함께하셨습니다.

심지어 십자가를 앞에 두고 겟세마네에서 이렇게 기도하셨습니다. "내 아버지여 만일 할 만하시거든 이 잔을 내게서 지나가게 하옵소서. 그러나 나의 원대로 마시옵고 아버지의 원대로 하옵소서."
마 26:39

'내가 누군데, 내가 어떤 사람인데'라는 마음이 조금이라도 있으면 할 수 없는 기도입니다.

그런 예수님이 '마음의 가난'을 〈팔복〉의 첫 번째 덕목으로 삼으셨습니다.

가난한 목회자

목회자들을 보면 출신이 가난한 분들이 많습니다. 물론 부잣집 자제분들도 있지만 시련을 이기지 못하고 포기하는 경우를 많이 봤습니다.

세상 모든 일들이 그렇듯이 목회도 하다보면 고단한 일을 많이 겪습니다. 모두 은혜를 받고 사명감을 가지고 시작하지만 하다보면 육체적으로 힘들고 마음이 힘들기도 합니다. 그럴 때 '내가 이렇게까지 해야 하나? 내가 왜 이런 대접을 받지?'라는 생각이 들게 마련입니다. 이렇게 마음이 흔들릴 때 무엇이든 다른 의지할 것이 있으면 포기하기 쉽습니다. 굳이 목회가 아니어도 살 길이 많고 할 것도 많다고 여기는 이들은 시련을 견디지 못하고 다른 길을 찾습니다.

하지만 원래부터 가난했던 목회자들은 의지할 것이 하나밖에 없습니다. 오직 주님을 향한 열정만 있습니다. 그러니까 시련을 겪으면 오직 하나님만 의지하고 절박하게 기도하게 됩니다. 그렇게 절박한 마음으로 기도하면서 진실한 마음으로 일하다보면 우리 주님께서 좋은 길을 열어주십니다. '나는 아무것도 없고 오직 주님만 있습니다'하는 마음으로 노력할 때 좋은 결과를 얻을 수 있습니다. 이분들에게 고난은 하나님께 더 나아가기 위한 과정일 뿐입니다. 가난이 복으로 가는 통로가 되는 것입니다.

이런 상태가 마음이 가난한 상태입니다. 어떤 일이든 마찬가지일 것입니다. 어떤 일이든 우선 마음이 가난해야 시작할 수 있습니다. 이제 막 일을 배우는 신참이 책 한 권 봤다고 마치 모든 것을 다 아는 것처럼 나서면 고참들이 뭘 가르쳐주기도 어렵습니다. 그저 '나는 모르니까 선배님이 이끌어주세요'하는 것도 요령입니다. 마음을 비우기 전에는 무엇이든 배울 수 없습니다. 소크라테스도 '너 자신을 알라'고 말했습니다. 자신이 모른다는 것을 스스로 아는 것이 배움의 시작입니다.

예수님이 우리 안에 들어오시려면 우리 마음이 비워져 있어야 합니다. 돈이든, 명예든, 지식이든 어떤 것이든 우리 마음을 가득 채우고 있다면 예수님이 들어오실 수 없습니다.

가난한 마음의 노래

많은 이들이 좋아하는 시편은 대부분 마음이 가난한 자들이 읊은 시입니다.

'가난'이 시편 곳곳에서 나옵니다. 하지만 시편의 가난은 절망이나 비관으로 끝나지 않습니다.

시편 40편에는 "나는 가난하고 궁핍하오나 주께서는 나를 생각하시오니 주는 나의 도움이시요 나를 건지시는 이시라. 나의 하나님이

여 지체하지 마소서"시 40:17라고 기도합니다. 시편 69편에는 "오직 나는 가난하고 슬프오니 하나님이여 주의 구원으로 나를 높이소서"시 69:29라고 기도합니다. 시편 70편에는 "나는 가난하고 궁핍하오니 하나님이여 속히 내게 임하소서"시 70:5라고 기도합니다. 시편 74편에는 "가난한 자와 궁핍한 자가 주의 이름을 찬송하게 하소서"시 74:21라고 기도합니다. 시편 86편에는 "여호와여 나는 가난하고 궁핍하오니 주의 귀를 기울여 내게 응답하소서"시 86:1라고 기도합니다.

시편에서는 가난 때문에 기도하게 되고, 가난 때문에 더 찬송이 나오고, 가난 때문에 하나님을 찾게 됩니다. 가난이 하나님께로 가는 길이기도 합니다.

또한 마음이 가난한 사람들은 자신의 죄를 통회하고 고백하고 회개합니다. 마음이 가난한 사람은 조그만 실수에도 마음이 아픕니다. 그래서 상대를 찾아가 사과하고 용서를 빕니다. 마음이 가난하여 내 마음이 아프고 불편하기 때문입니다. 그런데 마음이 부자인 사람은 마음이 아프지 않습니다. 상대방의 마음이 아픈지 느끼지도 깨닫지도 못합니다.

시편 51편에는 "하나님은 상하고 통회하는 마음을 멸시하지 아니하신다"시 51:17고 말씀하십니다. 이것이 영적 배고픔입니다. 상하고 통회하는 마음은 영적 배고픔을 느끼기 때문에 생기는 것입니다. 영적 배고픔을 느끼고 있다면 그것이 복이 있는 사람입니다. 또한 그 사람이 천국을 얻을 수 있습니다. 사람이 육체적이든 정신적이든 배가 부르면 간절함이 없어집니다. 간절하게 찾지 않는다면 복을 가질 수 없습니다.

천국이 저희 것임이요

심령이 가난한 사람은 복이 있나니
천국이 저희 것임이요
마태복음 5장 3절

가난한 마음, 부유한 마음

우리나라도 무척이나 가난하던 시절이 있었습니다. 그 시절 많은 이들이 미국으로 이민을 갔습니다. 이민을 많이 가다보니 미국에 한국인들 사회가 생겼고 한국인 교회도 늘어났습니다. 그런 교회에서 한국의 목사님을 초청해 집회를 하는 경우도 생겼습니다.

그 시절 어떤 목사님이 미국에 가서 부흥회를 개최했습니다. 부흥회의 주제는 "회개하라, 천국이 가까이 왔다!"였습니다. 목사님은 아주 열정적으로 부흥회를 인도했고 많은 교민들이 큰 감동을 받았습니다. 그런데 부흥회가 끝난 후 한 성도가 목사님을 찾아왔습니다. 그는 진지한 표정으로 이렇게 말했습니다.

"목사님, 미국에 와서 회개하라, 천국이 가까이 왔다는 설교는 하지 마십시오. 여기 미국이 바로 천국입니다."

아마도 이민 온 지 얼마 되지 않은 분이었을 것입니다. 무엇이든 부족했던 시절, 미국에서 본 물질적인 풍요는 그 자체로 천국이었을 것입니다. 하지만 목사님이 이야기한 천국은 그런 천국이 아닙니다. 더 좋은 완전한 천국입니다. 그러나 미국에 갓 와서 물질적인 풍요에 취한 이분의 마음에는 하나님의 완전한 천국이 들어갈 자리가 없습니다.

마음이 가난하지 않으면 천국을 볼 수가 없습니다. 그래서 마음이 부자인 사람들은 천국에 대해서 오해를 많이 합니다.

시골 학교 선생님의 행복

제가 아는 어떤 선생님이 도시에서 아이들을 가르치다가 시골 학교로 발령을 받으셨습니다. 그것도 주거 환경이나 교통 사정이 아주 열악한 산골로 가셨습니다. 내비게이션 없이는 찾아갈 수도 없는 외딴 곳이었습니다. 한번은 그분이 서울에 오셨다가 잠깐 저를 만나러 오셨습니다.

제 딴에는 위로한답시고 천방지축 시골 아이들을 가르치느라 얼마나 고생이 많으시냐고 인사를 했습니다. 그런데 그 선생님은 뜻밖에 이렇게 대답하셨습니다.

"물론 지금 가르치는 아이들이 말썽도 많이 부리고 도회지 아이들에 비해 학업 능력도 떨어져 여러 가지 어려움이 많습니다. 하지만 저는 이곳에서 아이들을 가르치는 것이 아주 행복합니다. 전에 있던 학교 아이들은 이미 학원에서 제가 가르칠 것들을 다 배워서 옵니다. 수업을 하지만 저도 아이들도 의욕이 없었지요. 도시 아이들은 이미 많은 것을 가지고 있어서 웬만한 것 가지고는 즐거워하지도 않습니다. 어떤 날 아이들이 예뻐서 아이스크림이라도 사주려면 많은 생각을 해야 합니다. 조금 싼 것을 사주면 안 먹지 않을까? 몸에 안 좋은 아이스크림을 사먹였다고 학부모들에게 항의가 들어오지 않을까? 등등. 하지만 이곳에서는 다릅니다. 아이들이 아직 모르는 부분이 많아서 가르칠 것이 많습니다. 제가 열심히 가르치면 아이들 성적이 그만큼 올라갑니다. 이제 1학기를 마쳤지만 중간고사보다 기말고사 성적이 눈에 띄게 좋아졌습니다. 새롭게 아이들을 가르치겠다는 의욕이 생겼습니다. 또 어쩌다가 과자라도 한번 돌리면 교실은 정말 난리가 납니다. 많이 고민할 필요도 없습니다. 요 앞 문방구에서 제일 싼 과자를 아이들 수만큼만 사면 됩니다. 부담이 없으니 자주 생색을 내게 되죠. 그때마다 아이들이 너무 좋아해서 제가 더 행복합니다."

가난해야 행복을 압니다. 배가 고픈 사람은 밥맛이 좋습니다. 배가 고플 때는 작은 것만 주어져도 감사하고 행복합니다. 너무 많이 가지고 있으면 감사도 행복도 모르게 됩니다.

겸손한 마음

가난한 사람은 겸손합니다. 많이 가지고 있다고 생각하면 교만해집니다.

웃시야 왕은 유다 왕국이 어려울 때 왕위에 올랐습니다. 아버지이자 선왕인 아마샤는 북이스라엘에 잡혀갔고 블레셋이 자꾸 침략해오던 시절이었습니다. 너무 어려웠기 때문에 웃시야는 하나님만 의지했습니다. 겸손했습니다. 웃시야라는 이름 자체가 '여호와는 나의 힘이다'라는 뜻이기도 합니다.

그가 겸손할 때 하나님은 그를 도우셨습니다. 블레셋 사람들을 물리치고 암몬 사람들의 조공을 받게 해주셨습니다. 블레셋과 암몬은 유다 왕국을 괴롭히던 강한 이웃들입니다. 당시 최강대국인 이집트의 변방까지 웃시야의 이름이 알려졌습니다.

이렇게 강성해지자 웃시야는 교만해졌습니다. 교만한 웃시야는 제사장을 놔두고 성전에 직접 들어가서 분향을 하려 했습니다. 왕이 직접 성전에서 분향을 하는 것은 하나님의 뜻이 아니라고 말리는 대

제사장 아사랴에게 화를 내기까지 했습니다.

내 마음대로 하겠다는 교만입니다. 어렵고 힘들 때는 겸손하여 하나님만 의지하던 웃시야가 강성해지면서 교만해졌습니다. 자기 마음대로 하겠다고 하나님의 법을 어겼습니다. 웃시야는 벌을 받았고 나병에 걸렸습니다.

작은 일이 잘됐다고 교만해지면 더 큰일을 할 수 없습니다. 우리 주변에도 가끔 그런 분들이 계십니다. 지나치게 으스대고 잘난 척해서 함께하기가 꺼려지는 이들이 있습니다. 그렇게 사람들이 하나둘씩 떠나가면 더 큰일을 할 수 없게 됩니다. '처음의 겸손함을 가지고 끝까지 간다면 더 큰일을 할 수 있을 텐데…'하는 안타까운 마음이 듭니다.

특히 물질은 사람을 교만하게 만들기 쉽습니다. 내가 잘나서, 나만 고생했다고 생각하고 교만해지면 더 이상 큰일을 할 수 없습니다. 이럴 때 겸손한 마음을 가지고 주변 사람들과 열매를 나눠야 더 큰일이 주어집니다.

신앙생활에서도 교만은 가장 큰 적입니다. 하나님은 겸손한 이들에게 은혜를 주십니다.

유명한 성 어거스틴은 그리스도인이 가져야 할 최고의 덕목은 첫째도, 둘째도, 셋째도 '겸손'이라고 했습니다.

최고의 복, 천국

"심령이 가난한 사람은 복이 있나니 천국이 저희 것"이라고 말씀하십니다. 천국은 우리에게 최고의 복입니다.

천국을 헬라어로 '바실레이아βασιλεία'라고 말합니다. 하나님이 통치하시고 다스리시는 곳이라는 뜻입니다. 즉, 천국은 하나님이 다스리시고 함께하시는 곳입니다. 이 천국을 세 가지로 나눌 수 있습니다.

첫 번째 천국은 에덴동산입니다. 에덴은 하나님이 우리와 함께 계셨던 곳입니다. 완벽한 낙원이었습니다. 모든 것이 갖춰져 있고, 모든 생명들이 평화를 누리는 곳이었습니다. 그런데 인간은 그것을 지키지 못하고 잃어버리고 말았습니다. 에덴은 우리가 다시 찾을 수 없는 완전한 천국입니다.

두 번째 천국은 내 마음입니다. 내가 주님을 영접하면 주님은 나와 함께하십니다. 주님이 계신 내 마음이 바로 천국입니다. 천국은 멀리 있는 것이 아닙니다. 우리가 주님을 모시면 내 마음이 바로 천국입니다. 겸손한 마음으로 주님을 모시는 행복이 있는 곳, 그곳이 바로 천국입니다.

우리는 먼저 내 안에서 천국을 누릴 수 있어야 합니다. 내 가정과 삶의 터전을 주님이 함께 계시는 천국으로 만들어야 합니다. 내가 낮아지면서 겸손하게 작은 것에 감사하고 주변 사람들을 사랑해야 합니다. 그래서 오늘 우리의 삶의 현장을 천국으로 만들어야 합니다. 내 집이, 마음이, 환경이, 교회가, 나라가 천국이 되어야 합니다. 우리 신앙의 선배들은 신앙적으로 세상에서도 이 천국을 이루며 살았습니다.

세 번째 천국은 앞으로 주어질 내세적 천국이 있습니다. 우리 그리스도인에게 진정한 복은 하나님 나라를 소망하는 것입니다. 많은 신앙의 선배들이 이 천국을 소망하였습니다. 겸손한 마음으로 오직 하나님 나라를 소망했습니다. 이 소망 때문에 그들은 불의와 타협하지 않았고 옳은 일을 끝까지 할 수 있었습니다. 천국 때문에 고난도 달게 받았고 마침내 순교하기도 했습니다.

수고한 자에게 주어지는 상

천국은 그냥 주어지는 것이 아닙니다. 공짜가 아닙니다. 아무에게나 주어지는 값없는 것이 아닙니다. 천국은 준비된 사람에게만 주어지는 선물입니다.

어떤 사람이 천국에 갔습니다. 천사가 조사해보니 그 사람에게는 선한 일을 한 기록이 하나도 없었습니다. 천사가 '이 사람은 천국에 올 사람이 아닌데 어떻게 여기에 왔지?' 궁금해서 그 사람에게 물었습니다.

"당신은 어떻게 이곳에 왔습니까?"

"길을 가고 있는데 어떤 여자가 불량배들에게 에워싸여 시달리는 것을 봤습니다. 여자를 도우려고 불량배들을 말리다가 뭇매를 맞았는데 정신을 차려보니 이곳이었습니다."

그제야 천사는 그 사람이 천국에 온 이유를 알게 됐습니다.

우스갯소리지만 이 이야기처럼 천국은 그냥 갈 수 있는 곳이 아닙니다. 아무것도 안 하고 가만히 있는데 천국이 주어지지 않습니다. 그렇다면 어떻게 해야 합니까? 그 답은 성경 속에 있습니다. 예수님의 말씀 안에 있습니다.

"심령이 가난한 사람은 복이 있나니 천국이 저희 것"이라는 말씀입니다.

우리가 마음을 가난하게 하고 겸손하게 하나님 나라를 소망할 때 천국이 우리에게 주어집니다. 사도 바울도 천국을 소망하며 고난을 견디고 온갖 위험을 다 감수하였습니다. 그리고 그는 기대하였습니다. "이제 후로는 나를 위하여 의의 면류관이 예비되었을 것"딤후 4:8 이라고 고백했습니다. 이것이 천국을 소유한 사람들의 마음입니다.

하나님을 위해서 헌신한 사람들에게는 이 천국이 약속되어 있습니다.

'애통'은 헬라어로 '펜둔테스'입니다. 이는 비통함이라는 뜻입니다. 이 말은 헬라어의 표현 중에서도 가장 극심한 슬픔을 표현하는 말입니다.

두 번째 복

애통해하는 사람이 받는 복

그리스도인은 평안하게 살 수 없는 사람들입니다.
매일 세상을 보며 슬퍼하는 사람들입니다.
자신의 죄를 슬퍼하고, 시험당하는 이웃을 보고 애통의 눈물을 흘리는
사람들입니다.
고난당하는 친구와 자녀를 위해 눈물로 기도하는 사람들입니다.
이렇게 눈물로 기도하는 사람들에게 최대의 위로는 그 기도가 응답받는 것입니다.
성경은 그런 사람이 복이 있다고 말씀하십니다.
또한 구체적으로 하늘로부터 위로의 복, 기도 응답을 받는다고 말씀하십니다.

애통하는 사람

> 애통하는 사람은 복이 있나니
> 저희가 위로를 받을 것임이요
> *마가복음 5장 4절*

애통하는 사람

두 번째 복은 애통하는 사람이 받는 복입니다. "애통하는 사람은 복이 있나니 저희가 위로를 받을 것임이요"라고 말씀하십니다.

'가난'에 이어서 이번에는 '애통'입니다. 산 너머 산이라고 느끼시는 분들도 있을 것입니다. 애통은 말 그대로 '슬프고 가슴 아파함'입니다. 슬프고 가슴 아프면 당연히 눈물을 흘리며 울게 됩니다. 누가복음에는 더 구체적으로 "지금 우는 사람은 복이 있나니"눅 6:21라고 말씀하고 있습니다.

애통은 헬라어로 '펜둔테스$_{πενθυντες}$'입니다. 이는 비통함이라는 뜻입니다. 이 말은 헬라어의 표현 중에서도 가장 극심한 슬픈 상황을 표현하는 말입니다.

요셉을 질투한 형들이 요셉을 미디안 상인들에게 팔아넘겼습니다. 형들은 요셉의 옷에 숫염소의 피를 적셔 아버지 야곱에게 가지고 갔습니다. 야곱은 아들 요셉의 옷을 알아보고 자기 옷을 찢고 굵은 베로 허리를 묶고 오래도록 그의 아들을 위하여 애통하였습니다. 창 37:34 늙은 아버지가 가장 사랑하는 아들을 잃었으니 얼마나 슬펐을까요.

요셉은 야곱이 모든 아들 중에서 가장 사랑하는 아들이었습니다. 그는 너무나 슬픈 나머지 자녀들의 위로도 받지 않고 "스올로 내려가 아들에게 가리라" 창 37:35 라고 했습니다. '스올'은 '죽은 사람이 가는 곳' 혹은 '무덤'을 의미합니다. 즉, 야곱은 아들 요셉을 따라 자신도 죽겠다고 할 만큼 슬퍼한 것입니다.

펜둔테스가 의미하는 애통은 바로 이런 애통입니다.

바리새인과 세리

그렇다면 두 번째 복은 단순하게 불행을, 이별을, 죽음을 슬퍼하는 사람들에게 주어지는 것일까요? 물론 하나님이 불행을, 이별을, 죽음을 슬퍼하는 사람들에게 위로를 내려주시지 않는 것은 아닙니다.

그러나 여기서 이야기하는 '애통'은 단순하게 불행이나 이별, 죽음을 슬퍼하는 것이 아닙니다. 첫 번째 복의 '가난'이 '심령의 가난'을 이야기한다면 두 번째 복의 '애통'은 '영적인 애통'을 말하는 것입니다.

영적인 애통은 무엇입니까?

예수님은 마태복음에서 바리새인과 세리의 이야기를 하셨습니다. 바리새인은 당시 유대인들 중에서 가장 경건한 삶을 살려고 노력하는 사람들이었습니다. 그들은 로마와 그리스 문화에 물들어가는 동족들을 비판하면서 모세오경을 철저하게 지키려고 노력했습니다. 이들은 스스로를 의인이며 다른 사람들과 구별되는 존재라고 생각했습니다. 바리새인이라는 말 자체가 '분리된 자'라는 뜻입니다. 바리새인들은 "하나님이여 나는 다른 사람들 곧 토색, 불의, 간음을 하는 자들과 같지 아니하고 이 세리와도 같지 아니함을 감사하나이다"눅 18:11라고 기도할 정도였습니다.

이런 바리새인을 두고 예수님은 "너희는 천국 문을 사람들 앞에서 닫고 너희도 들어가지 않고 들어가려 하는 자도 들어가지 못하게 하는도다"마 23:13라고 하셨습니다. 스스로를 옳은 사람이라고 여기는 바리새인을 비판한 것입니다.

세리는 로마의 세금 징수원입니다. 로마제국은 따로 세금을 징수하는 기관을 두지 않았습니다. 어떤 지역에서 얼마만큼의 세금을 걷을 수 있는지 조사한 뒤 그 금액만큼을 세리들에게 미리 받고 세금 징수권을 세리들에게 팔았습니다. 로마제국은 이 제도를 통해 일정액의 세금을 안정적으로 확보할 수 있었습니다. 요즘 식으로 따지면 세무서를 민영화한 셈입니다.

세리들이 이익을 남기기 위해 자신들이 낸 금액보다 더 많은 세금을 걷었습니다. 규정보다 더 많이 걷거나 무자비한 방법으로 세금을 걷는 경우도 있었습니다. 세금을 빌려주고 나중에 비싼 이자로 돌려받는 고리대금을 하는 경우도 있었습니다.

정직하게 세금을 걷는다고 해도 돈 내라고 하는 사람을 좋아하는 이들은 없습니다. 세리들은 가난한 이들뿐 아니라 로마제국의 모든 지역에서 환영받지 못하는 사람들이었습니다. 더구나 이스라엘에서 세리는 로마제국에 협조하는 매국노라는 딱지까지 붙어 있었습니다.

예수님의 이야기 속에서 세리는 자신이 죄인이라는 것을 알고 있었습니다. 성전에 와서 "감히 눈을 들어 하늘을 쳐다보지도 못하고 다만 가슴을 치며 이르되, 하나님이여 불쌍히 여기소서 나는 죄인이로소이다"눅 18:13라고 자신의 죄를 슬퍼했습니다. 세리는 자신의 죄를 애통해한 것입니다.

예수님은 "바리새인이 아니고 이 사람이 의롭다 하심을 받는다"

눅 18:14고 하셨습니다. 바리새인들이 더 옳은 삶을 살았을지도 모릅니다. 하지만 바리새인은 스스로를 의인이라고 생각하고 다른 사람들은 죄인이라고 했습니다. 바리새인은 교만했습니다. 세리는 스스로를 죄인이라고 고백하며 슬퍼했습니다. 세리는 바리새인보다 더 많은 죄를 저질렀을지 모르지만 자신의 죄를 알았습니다. 그리고 그것을 애통해했습니다. 나의 죄, 나의 무능에 대해 애통해했습니다. 나의 교만, 자만, 욕망의 깊어감에 대해 애통해했습니다.

바리새인들은 교만했지만 세리는 애통해했습니다. 세리가 자신의 죄를 슬퍼하는 마음이 바로 영적인 애통입니다.

메시아를 본 시므온

우리가 애통해야 할 것은 우리 자신의 죄뿐만이 아닙니다. 자신의 죄에 대해 슬퍼할 뿐만 아니라 세상 죄에 대해서도 탄식하는 것이 애통입니다. 세상이 날로 험해지고 나쁜 일이 많이 일어나는 것을 애통하게 여겨야 합니다. 옳지 않은 일을 하는 사람들이 많아지는 것을 애통해해야 합니다. 신앙의 길에서 멀어져 나가는 분들을 보면서 마음으로 애통해야 합니다. 눈물로 애통해야 합니다.

예수님 당시의 사람들은 오시리라고 예언된 메시야를 기다렸습니다. 그러나 그 메시야는 자꾸만 늦어져서 백성들은 매일 탄식했습니다. 그 사이 로마는 더 강해져서 구원이 점점 막막해보이는 상황이 되었습니다. 많은 이들이 로마에 붙어서 이스라엘 사람들을 착취하고 힘들게 했습니다.

그때 뜻있는 이들은 모든 어려움이 자신들의 죄 때문이라고 생각하였습니다. 로마가 이스라엘을 지배하게 된 것이 자신들과 조상들의 죄 때문임을 고백하였습니다. 그래서 그들은 비통해하며 눈물로 기도했습니다. 그 마음이 애통하는 마음입니다.

누가복음 2장에서 시므온은 메시야의 도래를 고대하며 매일 기도했습니다. 당시는 메시야의 도래가 늦어져서 모두 낙심하고 소망 없이 살아가던 때였습니다. 게다가 로마의 압제는 날로 심해지고 있었습니다. 시므온은 메시야를 기다리며 간절히 기도하였습니다. 그 기도가 마음이 가난한 자의 기도입니다.

그러던 어느 날 시므온은 정결예식을 위해 성전에 온 어린 예수를 만났습니다. 시므온은 그 예수를 품에 안고 "주여 이제는 말씀하신 대로 종을 평안히 놓아주시는군요. 이제 내 눈이 주의 구원을 보았습니다" 눅 2:29 하고 기도했습니다.

에스라와 최봉석의 애통

에스라는 이스라엘 사람들이 바벨론으로 끌려갔던 때에 태어났습니다. 에스라는 공부를 열심히 했고 유능한 학자로 페르시아 왕의 신임을 얻었습니다. 하지만 에스라는 항상 애통하는 마음을 가지고 있었습니다.

이스라엘 사람들이 하나님의 백성으로서의 자긍심을 잃고 자꾸 다른 나라 사람들과 섞이는 것을 애통해했습니다. 특히 이스라엘의 높은 지위에 있는 이들이 이런 모습을 보이는 것을 애통해했습니다. 에스라는 "속옷과 겉옷을 찢고 머리털과 수염을 뜯으며 기가 막혀 앉을"스 9:3 정도로 이스라엘의 타락을 애통해했습니다.

하나님은 이런 에스라의 기도를 들으셨습니다. 에스라는 이스라엘 사람들이 예루살렘으로 돌아가는 2차 포로 귀환을 주도했습니다. 율법을 바로 세우기 위해 노력했고 사람들을 교육했습니다.

대한제국 시기에 최봉석(최권능)이라는 관리가 공금횡령 사건에 연루되어 삭주로 유배를 떠났습니다. 그곳에서 삭주 교회의 설립자인 백유계의 전도를 받고 예수님을 알게 됐고 믿음을 갖게 됐습니다. 최봉석은 전도에 특히 열심이었습니다. 그러던 그가 본격적으로 전도를 하기 위해 평양신학교에 진학했습니다.

평양신학교에서 최봉석은 기도를 많이 하기로 유명했는데 그는 특히 기도를 할 때마다 서럽게 울었습니다. 동료 학생들은 그가 자신의 처지를 슬퍼하며 우는 것이라 생각했습니다. 최봉석은 가난했고, 못생겼으며, 공부도 잘하지 못했고 심지어 공금횡령의 죄까지 지고 있었기 때문이었습니다.

마침내 그가 신학교를 졸업하던 날 학생들은 왜 기도할 때마다 울었느냐고 물었습니다. 최봉석은 "기도하려고 눈만 감으면 일본에게 나라를 빼앗기려는 현실과 예수를 믿지 않는 우리 민족이 안타까워서 눈물이 난다"고 말했습니다.

이렇게 나라와 민족을 위해 애통해하던 최봉석은 한국 교회에 큰 발자취를 남겼습니다. 그는 평생 70여 개의 교회를 개척했고 수많은 사람을 전도했습니다. 마지막에는 신사참배에 반대하며 신앙의 순수함을 지키다가 순교했습니다.

중보기도의 필요

오늘 우리는 이 시대를 보며 애통해해야 하고 눈물로 기도해야 합니다.

오늘 아이들이 학교에서 폭력을 사용합니다. 요즘 학교에서 폭력 문제가 화제입니다. 아이들이 어른들의 나쁜 모습을 흉내 내고 있습니다. 그런 아이들의 인생을 생각하면 마음이 아픕니다. 어려서부터 저렇게 악하면 앞으로 얼마나 악한 인생을 살아갈 것인가? 그러면 이 세상은 어떻게 될 것인가?

일본군 위안부 할머니들이 수요일마다 일본 대사관 앞에서 시위를 벌입니다. 비가 오나 눈이 오나 매주 모인 것이 벌써 1055회(2013년 1월 첫 수요 집회)를 넘어섰습니다. 그러는 사이 연로한 할머님들은 한 분 두 분 세상을 떠나고 있습니다. 이분들이 다 떠나시기 전에 한마디라도 사과의 말을 들어야 하는데 말입니다.

그런 모습을 보면 마음이 안타까워집니다. 그런데 일본은 반응도 없습니다. 그런 일본을 생각하면 마음에서 분노가 치밀어 올라옵니다. 그래서 눈물이 나옵니다. 그 마음이 바로 애통한 마음입니다. 애통은 세상의 죄와 불의를 보면서, 세상의 선한 자가 고난받고 불의한 자가 득세하는 것을 보면서 안타까워하는 마음입니다.

우리가 사는 세상을 생각하면 애통해할 것들이 많이 있습니다. 바벨론 포로 생활을 하던 에스라가 그랬듯, 일본의 압제가 시작되던 시기에 최봉석이 그랬듯, 애통하는 마음을 갖게 됩니다. 그럴 때는 중보기도실로 들어가 눈물을 흘리며 기도를 하게 됩니다.

애통은 작게는 나의 영적 무지와 빈약함을 애통해하는 마음입니다. 그리고 크게는 이 땅에 하나님의 의가 세워지기를 바라며 애통해하는 마음입니다. 이 나라 이 백성들이 하나님을 믿고 구원받고 살아가기를 바라며 애통한 마음으로 기도해야 합니다.

위로를 받을 것임이요

> 애통하는 사람은 복이 있나니
> 저희가 위로를 받을 것임이요
> *마태복음 5장 4절*

위로를 받음

예수님은 애통하는 사람에게 복이 있다고 말씀하십니다. "애통하는 사람은 복이 있나니 저희가 위로를 받을 것임이요." 우리가 우리의 죄 때문에 슬퍼하고 애통해하면 위로를 주십니다. 여기서의 위로는 하늘로부터의 위로입니다. 하늘로부터의 위로가 주어진다는 말은 기도가 응답받는다는 뜻이기도 합니다.

그리스도인은 엄밀히 말하면 매일 평안하게 살 수 없는 사람들입니다. 매일 세상을 보며 슬퍼하는 사람들입니다. 자신의 죄를 슬퍼하는 사람들입니다. 시험당하는 이웃을 보고 애통의 눈물을 흘리는 사람들입니다. 고난당하는 친구와 자녀를 위해 눈물로 기도하는 사람들입니다. 이렇게 눈물로 기도하는 사람들에게 최대의 위로는 그 기도가 응답받는 것입니다. 성경은 그런 사람이 복이 있다고 말씀하십니다. 또한 구체적으로 하늘로부터 위로의 복, 기도 응답을 받는다고 말씀하십니다.

'위로'는 헬라어로 '파라칼레오$_{παρακαλεω}$'입니다. 파라칼레오는 '곁으로'라는 뜻의 '파라'와 '부른다'라는 뜻의 '칼레오'가 합쳐진 말입니다. 그러니까 파라칼레오는 '내 곁에 오셔서 나를 부르심'이라는 뜻이 됩니다.

파라칼레오의 위로는 하나님이 하늘에서 우리를 내려다보시면서 괜찮다고 위로해주시는 것이 아닙니다. 세상 모든 것을 알고, 우리의 미래도 아시는 하나님이 세상 살다보면 그것은 별일이 아니니 애통해하지 말라고 위로해주시는 것도 아닙니다. 땅에 있는 우리 곁에 오셔서 우리의 처지와 상황을 이해해주시고 우리를 부르시는 위로입니다.

엘리야를 위로하신 하나님

엘리야는 대단한 능력을 가졌습니다. 그의 말 한마디 때문에 이스라엘에 3년여 동안 비가 멈췄습니다. 그가 기도했을 때 사르밧 과부의 죽은 아들이 살아났습니다. 엘리야는 기적을 부르는 힘이 있었을 뿐만 아니라 용기 있는 사람이었습니다. 갈멜산에서 850명의 다른 신을 섬기는 이들과 혼자 싸웠고 결국 이겼습니다.

하나님도 엘리야를 무척이나 아끼고 사랑하셨습니다. 이스라엘에 3년 가뭄이 들자 엘리야를 그릿 시냇가로 피신하게 하셨습니다. 배가 고플까 봐 매일 아침저녁으로 까마귀를 통해 떡과 고기를 보내 주셨습니다. 시내가 마르자 사르밧 과부의 집에 가서 살게 하셨습니다. 엘리야를 받아준 과부 집에 먹을 것이 떨어지지 않게 하셨습니다. 엘리야는 마지막에도 죽음을 맞지 않고 불 수레를 타고 하늘로 올라갔습니다.

이렇게 대단한 분이 하나님께 어리광을 피웠던 적이 있습니다. 로뎀나무 아래서 "여호와여 넉넉하오니 지금 내 생명을 거두시옵소서. 나는 내 조상들보다 낫지 못하니이다"^{왕상 19:4}라고 기도했던 일이 있었습니다. 엘리야가 죽음을 청한 것은 북이스라엘의 악한 왕비 이세벨이 그를 죽이겠다고 협박했기 때문입니다. 목숨을 위협받는 것이 당사자에게는 간단한 문제가 아닙니다. 하지만 이세벨 왕비의 협박은 엘리야가 그동안 행하고 경험한 기적 같은 일들에 비하면 사소한 일입니다. 온 나라의 비를 멈추고, 죽은 이도 살리고, 850대 1로 싸워도 이겼던 엘리야였습니다.

더구나 엘리야가 와 있는 곳은 이세벨 왕비가 있는 북이스라엘이 아닙니다. 남유다의 가장 남쪽에 있는 브엘세바라는 고장에서도 광야로 하룻길을 더 간 곳입니다. 우리나라로 치면 북한사람이 남한으로 귀순해서 제주도로 간 다음에 한라산 깊은 곳에 숨어버린 것과 비슷합니다. 아무리 무서운 이세벨 왕비라고 해도 다른 나라의 먼 곳에 숨은 엘리야를 어찌할 수는 없었을 것입니다. 그런데도 그는 혼자 로뎀나무 아래 누워 하나님에게 차라리 죽여달라고 청했습니다. 강짜도 이런 강짜가 없습니다.

 엘리야는 많이 지쳤을 것입니다. 아무리 열심히 노력을 해도, 심지어 850대 1로 싸워서 이겼어도 이스라엘은 변하지 않았습니다. 여전히 나쁜 왕과 왕비가 다스렸고 죄악을 저질렀습니다. 그런 가운데 목숨까지 위험해졌습니다. 언제까지 싸워야 이스라엘이 좋은 나라가 될지 막막했을 것입니다. 그래서 하나님께 죽음을 청했습니다.

 하나님은 어떻게 하셨습니까? "믿음이 약한 엘리야! 내가 너에게 준 능력을 다 잊었느냐! 네가 행했던 그 기적을 다 잊었느냐!"라고 꾸중하셨습니까? 아닙니다. 사람이라면 당연히 했을 법한 그런 말은 한 마디도 안 하셨습니다.

 하나님은 엘리야를 꾸짖지 않으셨습니다. 뿐만 아니라 오히려 천사를 보내 엘리야를 어루만져주시고, 떡과 물을 주셨습니다. 그래서 어린아이와 같은 엘리야가 먹고 누웠더니 천사를 또 보내서 그를 깨우고 먹을 것을 주셨습니다. 먹고 힘내라고 천사를 통해 격려까지 해주셨습니다.

이런 위로가 하나님이 우리에게 주시는 위로입니다.

위로받아야 사는 존재

사람은 위로받아야 살아갈 수 있는 존재입니다. 사람은 아주 연약한 존재입니다. 엘리야 같은 위대한 사람도 마찬가지입니다. 엘리야뿐만 아닙니다.

야곱이 형을 피하여 도망하는 중에 광야에서 밤을 지새우게 되었습니다. 그 밤은 두려운 밤이었습니다. 들짐승이나 강도떼의 위협에 노출되었기 때문입니다. 무엇보다도 야곱은 혼자 있다는 것이 두려웠습니다. 그래서 그는 평안한 잠을 이루지 못하고 돌베개를 베고 두려운 밤을 보내고 있었습니다. 그때 하나님은 그 밤에 환상 중에 나타나셔서 내가 너와 함께하리라고 위로하시고 격려해주셨습니다.

모세가 미디안 광야에서 40년 동안 낙심하며 살았습니다. 그러던 어느 날 호렙산에서 하나님을 만났습니다. 그때 하나님은 떨기나무에 불로 나타나셔서 이집트로 가서 고통받는 민족을 구원하라는 메시지를 주셨습니다.

예수님이 오신 목적도 이스라엘을 위로하시기 위함입니다. 성령님이 오신 목적도 위로 때문입니다. 우리들이 살아가는 데 이 위로가 중요합니다. 아이들도 위로가 필요하고 어른들도 위로가 필요합니다. 사람은 누구나 다 위로가 필요한 존재입니다.

바울을 위로한 디도

고린도 교회는 바울이 전도하고 세운 교회입니다. 고린도 교회는 파벌로 불화가 심했고 온갖 갈등과 문제가 있었습니다. 신학자들이 고린도 교회를 '문제의 종합선물세트'라고 할 정도로 문제가 많았습니다. 바울은 고린도 교회에 특별한 애정을 가지고 있었습니다. 그래서 고린도 교회가 당면한 문제들을 해결하기 위해 두 차례에 걸쳐 편지를 썼습니다. 그것이 유명한 고린도전서와 고린도후서입니다.

바울은 전도를 위해 곳곳을 다니면서도 고린도 교회의 상황을 염려하고 걱정했습니다. 그러던 바울이 데살로니가, 빌립보 교회 등이 있는 마게도냐 지방에 이르렀습니다. 바울은 "우리 육체가 편하지 못하였고 사방으로 환난을 당하여 밖으로는 다툼이요 안으로는 두려움이었노라"고후 7:5고 고백할 정도로 지치고 힘든 상태였습니다.

이때 바울은 고린도 교회에서 온 디도를 만났습니다. 디도는 바울이 '같은 믿음을 따라 된 나의 참 아들'딛 1:4이라고 할 만큼 사랑하던 이였습니다. 디도는 바울에게 고린도 교인들의 위로와 사모함을

전했습니다. 바울은 너무 기뻐서 자신이 편지로 고린도 교인들을 책망했던 것을 후회할 정도였습니다.

바울과 같이 능력 있는 사람도 위로를 받고 기뻐했습니다. 이처럼 사람은 위로받아야 살아갈 수 있는 존재입니다. 그런데 사람이 아닌 하나님으로부터 위로를 얻었다고 생각해보십시오. 얼마나 큰 은혜입니까?

그래서 성경은 "애통하는 사람은 복이 있나니 저희가 하나님으로부터 위로를 얻을 것"이라고 하신 것입니다.

위로와 소통

위로는 공감을 일으킵니다. 마음에 소통을 일으킵니다. 그 공감은 아픔과 갈등을 치유합니다. 공허한 마음을 채우고 안개를 걷히게 합니다. 또한 무거운 현실을 걷고 일어날 수 있게 치유합니다. 우리 그리스도인들은 이런 위로자가 되어야 합니다. 그리고 또 위로자가 될 수 있어야 합니다. 그래서 많은 사람들을 치유하고 회복시켜야 합니다.

샌프란시스코의 금문교 위에서 자살소동이 벌어졌습니다. 어떤 여인이 난간 위로 올라가 누구든 올라오면 뛰어 내리겠다고 했습니다. 아무도 그 여인에게 다가서지 못하고 있었습니다. 여인의 상황은 너무 위태로웠습니다.

　아무도 손쓰지 못할 때 한 여경이 나섰습니다. 여경은 모자를 벗고 머리를 풀고 위로 올라갔습니다. 그리고 "나도 여자다. 당신에게 말해줄 것이 있다"며 가까이 다가가서 이야기를 시작했습니다.

　"나는 어려서 아버지가 돌아가셨다. 어머니는 나를 두고 시집을 가셨다. 그래서 나는 고아원과 남의 집에서 일하며 자랐다. 나도 자살을 여러 번 시도했었다. 그런데 그때마다 실패했다. 죽는 것도 내 마음대로 안 되더라. 그래서 그때 생각한 것이 '죽느니 그 힘으로 차라리 살아보자'하고 생각했다. 그래서 열심히 공부하여 이렇게 여경이 되었다. 당신은 어떻게 생각하는가."

　여경의 이야기를 들은 여인은 여경을 따라 순순히 다리를 내려왔습니다. 이것이 공감이고 위로입니다.

　공감과 위로가 있을 때 그곳에 치유가 나타나게 됩니다. 사람은 같은 처지, 같은 입장의 사람을 만나면 금방 가까워지고 소통이 이루어집니다.

　시험에 떨어져 낙심한 사람을 위로하려면 삼수생이 가야 제격입니다. 콩나물 장수를 전도하려면 생선가게 주인이 가야 합니다. 밍크코트 입고 가서 전도하면 눈도 마주치지 않습니다. 암 환자에게는 암에서 고침 받은 사람이 가야 합니다. 교도소는 개과천선한 전

과자가 가서 전도해야 효과가 있습니다.

다미엔 신부의 공감

하와이 호놀룰루 주청사 앞에는 성 다미엔 신부의 동상이 있습니다. 그는 하와이 사람들이 하와이를 대표하는 위인으로 꼽을 만큼 유명한 인물입니다. 벨기에 출신인 다미엔 신부는 1864년 선교를 위해 하와이로 왔습니다. 호놀룰루에서 선교를 하던 중에 몰로카이 섬에 있는 나병 환자들에게 신부가 필요하다는 이야기를 듣고 자원해서 그들에게 갔습니다. 신부가 찾아간 칼라우파파는 절벽과 바다로 세상과 단절된 곳이었습니다. 하와이에서는 이곳에 나병 환자들을 격리시켰습니다. 우리의 소록도와 비슷한 곳인 셈입니다.

다미엔 신부는 나병 환자들과 같이 살면서 그들을 위해 일했습니다. 집을 짓고, 교회를 세우고, 수도 시설을 만드는 등 많은 일을 했습니다. 때로는 하와이 주정부에 때로는 전 세계에 이들을 도울 것을 호소했습니다. 신부의 열정에 감동받은 많은 이들이 나병 환자 돕기에 동참했습니다.

그러나 정작 나병 환자들은 신부에게 마음을 열지 않았습니다. 그러던 어느 날 다미엔 신부는 자신도 나병에 걸렸음을 알게 됐습니다. 신부는 절망하지 않고 오히려 자신의 나병을 환자들에게 더 가까이 가는 계기로 삼았습니다. 자신들과 똑같은 나병 환자가 된 신부를 본 환자들은 그에게 닫혔던 마음을 열었습니다. 다미엔 신부는 1889년 죽을 때까지 칼라우파파에서 나병 환자들과 함께했습니다. 환자들은 신부를 믿고 따랐습니다.

다미엔 신부가 나병 환자들에게 주었던 가장 큰 선물은 그가 힘써 지은 집이나 교회가 아니었습니다. 환자들의 아픔을 진심으로 같이 애통해하던 마음이었습니다. 세상으로부터 받은 상처가 너무 많았던 환자들은 신부의 진심을 알아보지 못했습니다. 그러나 나병에 전염되는 위험도 두려워하지 않고 끝까지 자신들과 함께하는 신부를 보고 그와 공감했습니다. 그리고 마음으로부터 나오는 위로를 받고 회복을 얻었습니다.

예수께서 말씀하신 최고의 복은 '위로받음'의 복입니다. 그것도 하나님으로부터 오는 위로입니다. 그것은 큰 선물이고 큰 복입니다. 엘리야는 하나님으로부터 위로를 받고 더 많은 기적을 행했습니다. 또 엘리사를 후계자로 세우고 자신은 죽음에 이르지 않고 하늘로 올라갔습니다. 야곱은 환상 중에 위로를 받고 승리의 삶을 살았습니다. 그리고 후에 다시 그곳에 돌아와 정착했습니다.

하나님으로부터 위로를 받으십시오. 예수님은 그 위로받음이 최고의 복이라고 말씀하십니다.

'온유'라는 말은 헬라어로 '프라오테스'입니다. 프라오테스는 '교만'과 반대되는 의미로 '겸손'이라는 뜻도 가지고 있습니다. '교만하지 않음'이라는 의미를 생각하면 온유는 '심령의 가난함' '영적인 애통함'과 통하는 데가 있습니다.

세 번째 복

온유한 사람이 받는 복

오늘날 세상은 "네 오른편 뺨을 치려는 기미가 보이면 네가 먼저 치라"고 가르칩니다.
하지만 예수님은 "네 오른편 뺨을 치거든 왼편도 돌려 대라"고 하셨습니다.
정복으로 프랑스를 지키려고 했던 나폴레옹은 몰락했지만,
비폭력으로 인도를 독립시키려고 했던 간디는 독립을 얻었습니다.
온유함으로 땅을 확보하려고 했던 이삭은 땅을 얻고 더 번성했지만,
힘으로 땅을 차지하려고 했던 히틀러와 독일은 무너졌습니다.
온유한 사람이 마지막에 승리합니다.
예수님은 온유로 세상을 이기셨습니다.

온유한 사람

온유한 사람은 복이 있나니
그들이 땅을 기업으로 받을 것임이요
마태복음 5장 5절

온유의 역설

"온유한 사람이 복이 있나니 그들이 땅을 기업으로 받을 것임이요." 세 번째 복은 온유한 사람이 받는 복입니다.

온유한 사람에게 복이 있다는 말은 일반적인 생각으로 보면 역설입니다. 강한 자가 모든 것을 얻습니다. 강한 자가 되는 법을 배우고 더 강해지기 위해 노력하는 세상입니다. 심지어 나쁜 남자가 더 인기가 있습니다. 착하고 순한 사람이 좋은 사람이라고 이야기하지만 한편으로는 바보 같은 사람이라고 이야기합니다. 그런데도 온유한 사람이 복이 있다고 이야기합니다. '가난'과 '애통'에 이어 이번에는 '온유'입니다. 예수님은 참 세상물정을 모르는 분이지 싶습니다.

온유라는 말은 헬라어로 '프라오테스$_{πραότης}$'입니다. 프라오테스는 '교만'과 반대되는 의미로 '겸손'이라는 뜻도 가지고 있습니다. '교만하지 않음'이라는 의미를 생각하면 온유는 '심령의 가난함' '영적인 애통함'과 통하는 데가 있습니다.

그렇다고 강함이 아니라 온유로 땅을 한 뼘이라도 늘릴 수 있을까요? 이미 가지고 있는 땅마저 빼앗기는 것이 아닐까요? 대체 예수님은 무슨 생각으로 온유한 자가 복이 있다고 하신 것일까요?

예수님의 온유

사실 온유는 예수님의 마음을 그대로 표현한 말입니다. 예수님은 "나는 마음이 온유하고 겸손하다"[마 11:29]라고 이야기하셨습니다. 심지어 마태복음에서 예수님은 "누구든지 네 오른편 뺨을 치거든 왼편도 돌려 대며 또 너를 고발하여 속옷을 가지고자 하는 자에게 겉옷까지도 가지게 하라"[마 5:39~40]고 이야기하십니다.

어떤 분은 "예수님은 너무 옛날 분이라 그렇지, 요즘 같은 세상은 옛날과 달라"라고 하실지 모르겠습니다. 그러나 예수님이 사시던 당시는 오늘날만큼이나 어려운 시대였습니다.

로마 장군 폼페이우스는 그리스 지방을 정복했습니다. 그리고 시리아 지역을 거쳐 이스라엘까지 왔습니다. 기원전 63년에 폼페이우스는 예루살렘에 도착했고 이때부터 예수님이 살던 때까지 이스라엘은 사실상 로마의 영향력 아래 있었습니다.

로마는 그리스, 로마 신화에 나오는 다양한 신을 섬기는 나라였습니다. 하나님만 섬기던 이스라엘과는 여러 가지 부분에서 맞지 않았습니다. 따라서 많은 이스라엘 사람들은 로마를 몰아내고 자유를 쟁취하는 것이 소원이었습니다.

어떤 이들은 성경에 약속된 이스라엘을 구원할 메시아를 기다렸습니다. 어떤 이들은 직접 로마와 싸우는 열심당을 결성했습니다. 열심당 사람들은 로마인들과 로마와 관계를 맺은 이스라엘 사람들에게 직접 폭력을 행사했습니다. 나중에는 예루살렘의 파괴로 이어진 로마와의 전쟁을 주도했습니다. 마사다 요새에서 결사항전하다 자살한 이들도 대부분 열심당원들이었습니다.

열심당원은 오늘날의 테러리스트와 비슷한 셈입니다. 이런 사람들이 등장한다는 것은 그만큼 로마의 지배에 불만을 가졌던 이들이 많았다는 이야기입니다. 로마의 지배 아래서 많은 사람들의 삶이 힘들었다는 의미이기도 합니다.

예수님은 이런 시대에 살면서 사람들에게 온유하라고 강조하셨습니다. '신은 죽었다'라는 말로 유명한 철학자 니체는 예수님의 이 말을 약자의 변명이라고 했습니다. 로마에 대항할 수 없는 것이 현실인데 그 말밖에 더 할 말이 있겠냐는 것입니다.

그러나 예수님이 약자라서 그런 이야기를 하신 것이 아닙니다. 거기에는 깊은 뜻이 있습니다.

나폴레옹의 정복

나폴레옹은 "정복하지 않는 사람은 정복당한다"라는 유명한 말을 남겼습니다. 이 말은 예수님의 온유와 너무나 대조되는 말입니다. "네 오른편 뺨을 치거든 왼편도 돌려 대라"^{마 5:39}가 아니라 "네 오른편 뺨을 치려는 기미가 보이면 네가 먼저 쳐라"라고 한 셈입니다.

나폴레옹 당시는 프랑스 혁명이 일어난 뒤 혼란이 거듭되던 시기였습니다. 왕정의 복귀를 노리는 왕당파들이 곳곳에 있었습니다. 혁명정부 내부에서도 분란이 끊이지 않았습니다. 온건파인 지롱드파와 급진주의자들인 자코뱅파의 대립과 숙청이 이어졌습니다. 외부에서는 영국과 오스트리아, 프로이센, 스페인 등 모든 주변국들은 동맹을 맺고 혁명정부를 압박하고 있었습니다.

나폴레옹은 이런 어려운 상황에서 프랑스 혁명을 지키기 위해서는 공격이 불가피한 것이라고 판단했습니다. 이탈리아와 가까운 국경 지방의 군사령관으로 임명된 나폴레옹은 수비적 방어에서 벗어나 공격에 나섰습니다. 알프스 산맥을 넘어 이탈리아로 진격해서 샤

세 번째 복 · 온유한 사람이 받는 복

르데냐 왕국과 민토바를 정복하고 오스트리아의 항복을 받아냈습니다. 이렇게 시작된 나폴레옹 전쟁은 1815년 워털루 전투의 패배로 나폴레옹이 완전히 몰락하기까지 20년 동안 전 유럽을 소용돌이 속으로 몰아넣었습니다.

전쟁이 계속되는 동안 모든 사람들이 나폴레옹과 프랑스를 싫어했던 것은 아니었습니다. 프랑스 혁명이 상징했던 자유, 평등, 박애의 정신에 많은 사람들이 매료됐습니다. 왕정의 횡포에 시달리던 이들에게 귀족과 왕족의 지배가 아닌 공화정의 프랑스는 자유의 이상향이기도 했습니다. 처음에는 많은 이들이 프랑스와 나폴레옹을 지지했습니다.

독일인으로 오스트리아의 빈에서 주로 활동했던 베토벤도 그중 한 사람이었습니다. 그는 웅장한 교향곡을 지어 나폴레옹에게 바치려고 하기까지 했습니다. 그 곡이 3번 교향곡 '영웅'입니다. 그러나 나폴레옹이 전쟁을 멈추지 않고 1904년에는 스스로 황제의 자리에 오르자 실망한 베토벤은 이 곡의 악보를 찢어버렸습니다.

나폴레옹은 전쟁을 계속해서 유럽의 대부분을 정복했습니다. 그러나 나폴레옹을 영웅으로 생각했던 베토벤과 같은 사람들은 그를 떠났습니다. 나폴레옹은 멈출 줄을 몰랐고 60만 대군을 이끌고 러시아 원정에 나섰습니다. 러시아에서 나폴레옹은 전투가 아닌 지독한

추위와 티푸스 전염병에 의해 패배했고 결국 몰락했습니다.

만약 나폴레옹이 전쟁이 아닌 다른 방법으로 진정한 자유, 평등, 박애의 정신을 전파했다면 어땠을까요? 베토벤 같은 이들의 지지를 얻었을 때 정복이 아닌 방법을 택했다면 어땠을까요?

간디의 비폭력

나폴레옹과 반대쪽에 있는 이들도 있습니다. 그 대표적인 사람이 인도를 독립으로 이끈 위대한 간디입니다.

간디가 처음부터 영국으로부터 독립을 해야 한다고 생각했던 것은 아니었습니다. 그는 영국에 유학해서 변호사 자격을 딴 지식인이었습니다. 영국의 정책에 아주 협조적이어서 보어 전쟁이 일어나자 지원병을 모아 직접 참전하기도 했습니다. 그런데도 영국의 차별과 억압이 멈추지 않자 간디는 본격적으로 독립운동에 나섰습니다.

간디가 선택한 독립운동의 방법은 비폭력이었습니다. 세계를 지배하는 대영제국 앞에서 독립을 요구하면서 비폭력 운동이라니. 더구나 당시 영국은 인도를 '영국 왕관의 보석'이라고 말할 정도로 애지중지하던 때였습니다. 간디의 방법은 도무지 불가능해보였습니다.

1906년 '인도인 등록법'에 대한 거부로 시작된 간디의 비폭력 불복종 운동은 40년 가까이 계속됐습니다. 간디는 때로는 감옥에 갇히고 때로는 폭력을 당하면서도 비폭력 운동을 끝까지 유지했습니다. 그가 했던 가장 극단적인 저항은 단식이었습니다. 지나치게 온유해보이는 간디의 저항 운동은 급진적인 인도 독립 운동가들로부터 그가 영국과 협력하는 이중인격자라는 비난을 받게 했습니다.

그러나 간디의 비폭력 불복종 운동은 많은 인도인들을 각성시켰습니다. 많은 나라 지식인들이 간디를 지지하게 됐습니다. 심지어 영국에서도 간디의 생각에 동의하는 사람들이 늘어나기 시작했습니다. 간디의 지도 아래 인도는 결국 1947년 영국으로부터 독립을 쟁취했습니다. 비폭력이 폭력을 이긴 것입니다.

정복으로 프랑스를 지키려고 했던 나폴레옹은 몰락했지만 비폭력으로 인도를 독립시키려고 했던 간디는 독립을 얻었습니다.

바벨로니아와 페르시아

다니엘서에는 이스라엘을 지배했던 두 나라가 나옵니다. 바벨론과 바사입니다. 바벨론의 왕 느부갓네살은 바벨로니아의 네부카드레자르 2세이고 바사의 왕 고레스는 페르시아의 키루스 2세입니다. 이 두 왕은 서로 다른 방법으로 이스라엘을 지배했습니다.

먼저 이스라엘을 지배한 왕은 느부갓네살입니다. 그는 기원전

587년 유다 왕국을 멸망시키면서 많은 이스라엘 사람들을 바벨론으로 끌고 갔습니다. 예레미야서 52장에는 이때 포로로 끌려간 이스라엘 사람의 수가 4600명이라고 적혀 있습니다. 이 수는 아마도 성인 남성들만의 수일 것이고 대부분의 지배층 이스라엘인이었을 것으로 생각됩니다. 따라서 실제로는 이보다 몇 배나 많은 이스라엘 사람들이 살던 곳을 떠나야 했습니다.

이런 민족적 이동은 이스라엘에서만 일어난 것이 아니었습니다. 느부갓네살 왕은 많은 도시를 파괴하고 그곳 사람들을 바벨론으로 데리고 왔습니다. 다니엘처럼 똑똑한 이들은 교육시켜 신하로 삼고 대부분 사람들은 노예로 삼았습니다. 그들은 바벨론 곳곳의 공사에 투입됐습니다. 이 노예들이 만든 것이 고대의 세계 7대 불가사의 중 하나인 바벨론의 공중 정원입니다. 또 이들이 쌓은 바벨론 성벽은 그 위에 집을 짓고도 4마리 말이 끄는 마차가 지나갈 정도로 웅장한 것이었습니다.

이렇게 폭력적인 방법으로 다른 나라 사람들을 억압하고 자신을 높이려던 느부갓네살 왕의 바벨론은 오래가지 못했습니다. 왕이 죽은 지 25년도 되지 않아 바사의 고레스 왕에 의해 정복당했습니다.

고레스 왕은 느부갓네살 왕과 다른 방법을 썼습니다. 고레스 왕은 이스라엘 사람들을 예루살렘으로 돌려보냈습니다. 창고에 있던 예루살렘 성전의 그릇들을 꺼내서 돌려보냈고 성전과 성을 건축하도록 후원했습니다.

이런 관용적인 정책은 이스라엘뿐만 아니라 그가 정복한 모든 나라에서 실시됐습니다. 고레스 왕의 관용 덕분에 그의 지배 아래 있던 페르시아는 강한 나라가 됐습니다. 캄비세스 2세와 성경에 다리오 왕으로 나오는 다리우스 1세를 거치면서 페르시아는 제국이 됐습니다. 인도에서 그리스 사이의 넓은 땅을 다스렸습니다. 페르시아 제국은 알렉산더 대왕에 의해 정복되기 전까지 200년 이상 중동지역의 가장 강성한 나라였습니다.

힘으로 강하게 억압한 느부갓네살 왕의 바벨론은 오래가지 못했습니다. 반면 온유한 관용 정책을 폈던 고레스 왕의 바사는 제국을 이뤘습니다. 온유는 이런 힘을 가지고 있습니다.

너희는 온유하라

성경은 우리에게 온유를 강조하고 있습니다. 에베소서에서는 "모든 겸손과 온유로 하고 오래 참음으로 서로 용납하라"엡 4:1고 하셨습니다. 골로새서에서는 "너희는 긍휼과 자비와 겸손과 온유와 오래 참음의 옷을 입으라"골 3:12고 하셨습니다. 디모데전서에서는 "너희는 믿음과 인내와 온유를 쫓으라"딤전 6:11고 하셨습니다.

왜 이런 말씀을 하셨을까요? 그것은 온유가 가장 강한 힘이기 때문입니다. 이 세상에 가장 강한 힘이 온유라는 것을 예수님이 강조하셨고 바울이 강조한 것입니다. 정복자는 강한 힘과 권력으로 땅을 뺏고 정복합니다. 그런데 예수님은 이 온유로 세상을 정복하셨습니다.

예수님 당시에 영원할 것 같았던 로마제국은 476년 오도아케르에 의해 멸망했습니다. 그러나 십자가의 죽음으로 끝날 것 같았던 예수님은 아직도 살아계십니다. 많은 사람들이 예수님을 본받으려 하고 따르려 합니다. 세계 곳곳에 교회들이 세워지고 성경은 역사상 가장 많이 읽히는 책이 되었습니다.

예수님은 온유로 세상을 이기셨습니다. 처음에는 밀리는 것 같았고 지는 것 같았고 실패자처럼 보였지만 예수님은 온유로 모든 것을 다 이기셨습니다. 마치 햇빛이 세상을 다 녹이듯 말입니다. 햇빛은 소리도 없고 요란함도 없습니다. 그러나 햇빛은 소리도 없이 이 세상을 다 녹입니다. 이 햇빛 같은 힘이 온유가 가진 힘입니다.

땅을 기업으로 받을 것임이요

> 온유한 사람은 복이 있나니
> 그들이 땅을 기업으로 받을 것임이요
> 마태복음 5장 5절

땅을 기업으로

온유한 사람이 땅을 차지한다는 말은 역설입니다. 강한 사람이 땅을 차지하는 법입니다. 어떻게 온유한 사람이 땅을 차지하겠습니까? 강한 사람이 땅을 뺏고 차지하는 것이 세상의 이치입니다.

그러나 온유의 결과는 땅을 기업으로 받는 역설을 낳습니다. 예수님은 "온유한 사람은 복이 있나니 땅을 기업으로 받을 것"이라고 말씀하십니다.

땅은 사람들에게 중요한 의미를 갖습니다. 우리는 땅에 발을 딛고 살고 있고 땅에서 나는 것들을 먹으며 살고 있습니다. 땅이 없으면 우리는 살 수 없습니다. 먼 미래에는 우리가 우주로 떠나 무중력 공간에서 살지도 모릅니다. 하지만 아직 우리에게 땅은 생명을 이어갈 수 있게 해주는 기초가 되는 존재입니다.

성경에서 '기업'은 '기초가 되는 사업' 또는 '조상으로부터 물려받은 재산'을 의미합니다. 하나님은 아브라함에게 가나안 땅을 주시면서 "영원한 기업이 되게 하겠다"창 17:8고 약속하셨습니다. 이 약속이 2000년 가까이 세계를 떠돌던 이스라엘 사람들이 예루살렘으로 다시 돌아가게 한 근거입니다.

땅을 기업으로 주신다는 말은 단순하게 그 땅을 소유하게 한다는 의미를 넘어섭니다. 땅을 기업으로 삼는 것은 그 땅을 근거로 생명을 계속 이어갈 수 있게 해주신다는 뜻입니다. 온유한 사람이 받는 축복은 이것입니다.

이삭의 우물

흉년이 들자 이삭은 하나님의 명에 따라 그랄 땅으로 갔습니다. 하나님이 복을 주셔서 농사로 많은 것을 수확했고 양과 소가 떼를 이뤘습니다. 이삭은 많은 하인들을 거느린 부자가 됐습니다.

굴러들어온 이삭이 자기네 땅에서 부자가 되자 원래 이 땅에 살고 있던 블레셋 사람들은 화가 났습니다. 그래서 이삭과 그 아버지 아브라함이 팠던 우물을 다 메워버렸습니다. 오늘날에도 이스라엘 지방은 비가 많이 내리지 않는 건조한 지역입니다. 그곳에서 물은 생명을 이어갈 수 있게 하는 중요한 존재입니다. 우물을 메워버린 것은 단순하게 물을 못 마시게 하거나 농사를 짓거나 가축을 기르는 것을 방해하는 것 이상의 의미입니다.

우물을 메우면 이삭만 물을 못 마시는 것이 아닙니다. 우물을 메워버린 블레셋 사람들도 물을 마실 수 없게 됩니다. 그런데도 우물을 메웠습니다. 그곳에서 살지 못하게 하겠다는 의지의 표시입니다.

누군가가 당신의 중요한 것을 빼앗으면 어떻게 합니까? 싸워서 지켜야 하는 것이 일반적인 세상 이치입니다. 우리나라처럼 물이 쉽게 나오는 지역에서 이런 일이 벌어졌어도 쉽게 물러나지 않을 일입니다. 하물며 그곳은 물이 쉽게 나오지 않는 건조 지역입니다.

하지만 이삭은 싸우지 않고 다른 곳으로 옮겨가서 새 우물을 팠습니다. 사람들이 와서 그 우물을 또 메우자 이삭은 다른 곳으로 옮겨 다시 우물을 팠습니다. 그런데도 사람들이 와서 또 우물을 메워버렸습니다. 이삭은 또 도망가서 우물을 팠습니다. 이번에는 아주 멀리 도망갔기 때문에 사람들이 쫓아오지 않았습니다. 그때 이삭이 "이제는 여호와께서 우리를 위하여 넓게 하셨으니 이 땅에서 우리가 번성하리로다"창 26:22하며 기뻐하였습니다.

정복자들은 물의 근원을 찾아 헤맸지만 물을 얻지 못했습니다.

그런데 이삭은 가는 곳마다 우물을 파면 물이 나왔습니다. 이것이 과연 우연일까요? 이것이 온유한 사람이 받는 복입니다. 그래서 예수님은 "온유한 사람이 땅을 기업으로 받을 것"이라고 말씀하신 것입니다.

이 세상의 이론은 뺏어야 얻습니다. 그러나 하나님 나라의 원칙은 정반대로 온유해야 땅을 얻고 승리합니다. 그래서 성경에서 말씀하는 하나님의 이론은 모두 역설입니다. 예수님은 진정한 복된 사람이 온유한 사람이라고 말씀하십니다. 또 온유한 사람이 땅을 차지한다고 말씀하십니다. 그것은 온유한 사람이 마지막에 승리한다는 의미입니다.

히틀러의 레벤스라움

독일은 1차 세계대전에서 패했습니다. 베르사유 조약에 의해 무장해제 당하고 엄청난 배상금을 물어야 했습니다. 전쟁 중에 획득한 영토는 당연히 반환해야 했고 원래 영토의 15%를 오히려 잃어야 했습니다.

많은 젊은이들이 부상을 입고 돌아온 데다 전쟁으로 정부가 무너지면서 사회 인프라가 마비됐습니다. 경제는 당연히 어려워졌고 특히 살인적인 인플레이션이 문제였습니다. 한참 심할 때는 돈을 수레에 가득 싣고 가서 빵 몇 조각을 사올 정도였습니다. 벽지를 사는 것보다 돈으로 도배를 하는 것이 더 쌀 지경이었습니다.

  삶이 너무 힘들어지자 독일 사람들에게 희망이 필요했습니다. 히틀러는 감옥에서 쓴 《나의 투쟁》이라는 책에서 독일 민족의 우수성과 빛나는 미래에 대해 이야기했습니다. 많은 이들이 히틀러에게서 희망을 찾았습니다. 그 결과 히틀러는 독일을 다스리는 독재자 총통이 됐습니다.

  《나의 투쟁》에서 히틀러는 독일 민족에게 '레벤스라움Lebensraum'이 필요하다고 주장했습니다. '생존 공간' 정도의 의미로 번역될 수 있는 레벤스라움은 독일 사람들이 살 공간, 즉 땅을 의미하는 것이었습니다. 히틀러는 그 땅이 독일 동쪽의 넓은 지역이라고 했습니다. 그곳은 이미 소련이 존재하고 있었습니다. 인종차별 이론으로 무장된 히틀러에게 소련의 존재 따위는 아무 문제가 되지 않았습니다. 그는 열등한 슬라브족이 넓은 땅을 가지고 있는 것은 정당하지 않다며 우수한 독일 민족이 그 땅을 소유하는 것이 정당하다고 주장했습니다.

  2차 세계대전은 히틀러에게 이 레벤스라움을 확보하기 위한 전쟁이었습니다. 폴란드, 프랑스, 네덜란드 등을 점령한 독일은 영국을 제외한 서부 유럽의 대부분을 지배하게 됐습니다. 그러나 여기까지는 진짜 전쟁을 위한 준비였습니다.

1941년 히틀러는 '바바로사 작전'으로 이름 붙인 소련 침공 작전을 시작했습니다. 소련과 맺은 불가침 조약을 깨고 기습적인 침공으로 시작된 전쟁에서 독일은 초반에 승승장구했습니다. 소련은 엄청난 인명과 물자를 소진하면서도 항복하지 않고 전쟁을 계속했습니다. 전쟁은 독일이 패망하는 1945년까지 계속됐습니다. 이 기간 동안 소련군은 1000만 명 이상이 전사했고, 독일군도 500만 명 이상 전사했습니다. 부상자와 민간인 사상자를 포함하면 어마어마한 인명이 희생된 끔찍한 전쟁이었습니다.

땅을 차지하려는 전쟁이었지만 독일은 오히려 나라가 분단되는 비극을 맞았습니다. 무력으로 땅을 확보하려고 했던 노력은 수많은 생명을 잃는 비극과 함께 오히려 땅을 잃어버리는 결과를 낳았습니다.

온유함으로 땅을 확보하려고 했던 이삭은 땅을 얻고 더 번성했습니다. 그러나 힘으로 땅을 차지하려고 했던 히틀러와 독일은 무너졌습니다.

땅의 의미

마태복음에는 '땅'이라는 말이 45회나 등장합니다. 여기서 땅은 헬라어로 '게γῆ'라는 단어인데 이 단어는 두 가지 의미가 있습니다.

하나는, 지상에서의 땅입니다. 이는 가나안과 같은 땅을 말합니다. 이 땅은 현실적인 생존 공간으로서의 땅입니다. 땅은 우리가 발을 딛고 있는 곳일 뿐만 아니라 우리가 살아가는 데 필요한 모든 것을 공급해주는 원천입니다. 하나님은 온유한 사람이 세상에서 살아갈 수 있는 기초를 주신다고 약속하십니다.

또 하나는, 천상의 땅으로 요한계시록 21장 1절에서 말씀하시는 땅입니다. 그것은 새 하늘과 새 땅입니다. 이 새 하늘 새 땅을 다른 말로 하면 천국입니다. 영원한 땅입니다. 온유한 사람에게는 하나님이 준비하시는 새 하늘 새 땅을 주시겠다고 약속하십니다. 지상에서의 생존뿐만 아니라 영원히 살 수 있는 생존권도 보장해주신다는 것입니다.

이 모든 땅을 기업으로 주신다는 것은 이 땅들을 일시적인 소유가 아닌 변하지 않는 영원한 유산으로 약속하신 것입니다.

구약의 3대 복

구약시대에는 3대 복이 있었습니다. 그것은 넓은 땅과 많은 자손과 복의 근원이 되는 것이었습니다. 하나님은 아브라함을 고향에서 이끌어내실 때에 이 복들을 약속하셨습니다.

아브라함에게 "가나안 온 땅을 주어 영원한 기업이 되게 하겠다"

창 17:8고 하셨고 "큰 민족을 이루고 네게 복을 주어 네 이름을 창대하게 하리니 너는 복이 될지라"창 12:2라고 하셨으며 "네 씨가 크게 번성하여 하늘의 별과 같고 바닷가의 모래와 같게 하리라"창 22:17고 약속하셨습니다. 아브라함은 그 약속을 믿고 고향을 떠났습니다.

모세가 이스라엘 백성을 이끌고 430년 동안 익숙하게 살아가던 이집트에서 나올 때도 하나님은 땅을 약속하셨습니다.

"내가 내려가서 그들을 애굽인의 손에서 건져내고 그들을 그 땅에서 인도하여 아름답고 광대한 땅, 젖과 꿀이 흐르는 땅 곧 가나안 족속, 헷 족속, 아모리 족속, 브리스 족속, 히위 족속, 여부스 족속의 지방에 데려가려 하노라."출 3:8

하나님은 이처럼 이스라엘 백성들에게 젖과 꿀이 흐르는 가나안 땅을 주겠다고 약속하셨습니다. 이스라엘 백성들은 그 땅을 소망하며 이집트에서 나왔습니다.

이처럼 땅은 사람들에게 큰 복입니다.

주님은 온유한 사람이 땅을 기업으로 받는다고 하셨습니다. 세상의 논리로는 강한 사람이 땅을 차지하게 마련이지만 주님은 온유한 사람이 땅을 차지한다고 말씀하셨습니다. 성경은 역설을 많이 말씀하십니다.

이 땅은 세상의 땅만을 이야기하는 것이 아닙니다. 구약시대에 이스라엘 백성에게는 가나안 땅이 제시되었습니다. 오늘 우리에게는 계시록에서 말씀하신 새 하늘과 새 땅을 약속하십니다. 이는 종말 때 주어질 땅, 곧 천국을 의미합니다. 예수님은 온유한 사람이 그 땅을 차지한다고 하십니다.

예수님은 〈팔복〉의 첫 번째, 세 번째, 여덟 번째 복에서 천국을 말씀하셨습니다. 즉, 심령이 가난한 사람과 온유한 사람, 의를 위해 핍박받는 사람에게 천국의 복을 약속하셨습니다.

'의'는 헬라어로 '디카이오시네'입니다. 디카이오시네는 올바름입니다. 정의입니다. 상황이나 입장에 따라 달라지는 세상의 정의가 아니라, 반석 같이 완전하고 거짓이 없는 하나님의 정의입니다.

네 번째 복

의에 주리고 목마른 사람이 받는 복

어떤 사람이 돈 뭉치를 주웠습니다.
아쉬움이 없지 않았지만, 파출소에 가서 주인을 찾아달라고 맡겼습니다.
마음속에는 뿌듯함이 가득했습니다. 이것이 의의 배부름입니다.
어떤 역무원이 철길을 건너던 아이를 구조하고 다리 하나를 잃었습니다.
사람들은 그가 불행할 것이라고 생각했지만, 그는 감사하다고 고백했습니다.
다리는 절단됐지만 마음에는 행복이 가득하다는 것입니다. 이것이 의의 배부름입니다.
하나님은 이렇게 의에 주리고 목마른 사람에게
영원히 목마르지 않는 생명수와 하늘의 양식을 채워주신다고 약속하셨습니다.

의에 주리고 목마른 사람

의에 주리고 목마른 사람은 복이 있나니
그들이 배부를 것임이요
마태복음 5장 6절

세상의 '의'

"의에 주리고 목마른 사람은 복이 있나니 그들이 배부를 것이요." 네 번째 복은 의에 주리고 목마른 사람이 받는 복입니다.

'의'는 헬라어로 '디카이오시네$_{δικαιοσύνη}$'입니다. 디카이오시네는 올바름입니다. 정의입니다. 그런데 정의가 어떤 정의인가가 중요합니다.

《정의란 무엇인가》라는 마이클 샌델 교수의 책이 한동안 베스트셀러 1위였습니다. 사람들이 정의에 대해 그만큼 관심이 많다는 의미입니다. 그런데 이 책은 제목처럼 정의가 무엇인지 속 시원하게 알려주지 않습니다. 정의에 대한 다양한 입장과 해석이 있다는 것을 알려줄 뿐입니다.

누구나 스스로 옳다고 생각하는 기준이 있습니다. 사람들이 모여서 만든 집단은 도덕적인 기준이 있고, 국가는 법적인 기준이 있습니다. 그런데 이것들이 서로 충돌하는 경우가 있습니다.

〈늑대와 춤을〉이라는 영화가 있습니다. 기존의 서부영화와는 달리 인디언들이 좋은 사람들로 나옵니다. 과거의 서부영화를 보면 개척민은 무조건 좋은 사람들이고 인디언은 무조건 악당이었습니다. 인디언이 개척민의 총에 쓰러지는 것을 보면서 관객들은 환호했습니다. 〈늑대와 춤을〉은 그런 이분법적인 선악 구조를 벗어버린 영화입니다. 이 영화를 보고나니 그 전에 봤던 서부영화들에 대한 생각도 달라졌습니다. 인디언의 죽음에 마냥 환호했던 것이 부끄러워졌습니다.

이처럼 세상의 정의는 입장에 따라 달라질 수도 있습니다.

하나님의 '의'

우리가 주리고 목말라야 하는 '의'가 이런 것일까요? 그것이 아니라면 우리는 어떤 '의'에 주리고 목말라야 할까요?

예수님이 말씀하시는 '의'는 단순하게 '옳은 것'을 의미하지 않습니다. 개인적인 혹은 사회적인 아니면 법적인 정의를 이야기하는 것도 아닙니다. 물론 당연히 우리가 속한 사회나 국가의 도덕이나 법은 지켜야 합니다. 하지만 우리가 주리고 목말라야 하는 의는 상황과 입장에 따라 변하는 의가 아닙니다. 우리가 진짜로 주리고 목말라야 하는 의는 '하나님의 성품'인 '의'입니다.

모세는 율법의 말씀을 모두 책에 기록한 뒤 이스라엘 장로들과 유사(교회의 제반 사무를 맡아보는 직무)들 앞에서 "그는 반석이시니 그가 하신 일이 완전하고 그의 모든 길이 정의롭고 진실하고 거짓이 없으신 하나님이시니 공의로우시고 바르시도다"신 32:4라고 노래했습니다. 반석 같이 완전하시고 거짓이 없는 것이 '하나님의 의'입니다.

하나님의 의는 심판하고 벌하기만 하는 의가 아닙니다. 하나님의 성품을 단 한마디로 표현하자면 자비하심입니다. 단순하게 옳기만 한 것이 아니라 그 안에 자비를 품고 있는 옳음입니다. 신명기에서 "네 하나님 여호와는 자비하신 하나님이심이라. 그가 너를 버리지 아니하시며 너를 멸하지 아니하시며 네 조상들에게 맹세하신 언약을 잊지 아니하시리라"신 4:31라고 말씀하십니다.

하나님의 자비하심은 인자하심과 의로우심입니다. 또한 자비하심은 긍휼이고 온유이고 사랑입니다. 이것이 하나님의 성품입니다. 이것이 예수님이 말씀하시는 '의'입니다.

배고픔과 목마름

"진지 드셨습니까?" "밥 먹었니?" 같은 말들이 보편적인 인사였던 때가 있었습니다. 굶는 것이 일상이던 시절이었습니다. 먹는 것은 생명을 지키는 것과 같습니다. 그래서 밥 먹었느냐는 인사가 생긴 것입니다. 요즘도 "식사하셨습니까?"라는 인사를 합니다만 그때 같은 절실한 느낌은 아닙니다.

'식구'라는 말도 있습니다. '가족'과 비슷한 의미지만, 왠지 더 긴밀한 느낌을 주는 말입니다. 한자의 뜻을 풀어보면 '밥을 함께 먹는 사이' 정도가 될 것입니다. '밥은 하늘이다'라는 말도 있습니다. 밥은 하늘만큼 중요하다는 의미일 것입니다.

이 밖에도 먹는 것에 관련된 말들이 많이 있습니다. 이런 말들이 생긴 것은 우리 삶에 그만큼 먹는 것이 중요하다는 뜻입니다. 왜 그렇습니까? 먹지 않으면 죽기 때문입니다. 살기 위해서는 먹어야 합니다.

굳이 '주림과 목마름'에 비유하신 이유가 여기에 있습니다. '의를 찾는' 혹은 '의를 추구하는' 이라고 하지 않고 '의에 주리고 목마른' 이라고 하셨습니다. 그것은 우리가 하나님의 의를 구하는 정도가 단순하게 '없으니까 있었으면 좋겠다'는 식이면 안 된다는 것입니다. 없으면 죽을 것 같이 절실하게 찾아야 한다는 의미입니다.

하나님은 '하나님의 의'가 이 세상에 세워지기를 원하십니다. 하나님은 우리 그리스도인들로 하여금 의를 세우는 역할을 하기를 기대하십니다.

"조금만 비겁하면 인생이 편하다"라는 말이 있습니다. "기름 친다(속된 말로, 일이 잘 처리되도록 뇌물을 쓴다는 뜻)"는 말도 있습니다. 세상에 옳지 않은 것들이 너무 판을 치다보니 이런 말들이 생겼습니다. 너무 작아서 일일이 신경 쓰기 귀찮은 불의(不義)도 있습니다. 모른 척하거나 조금만 눈 감으면 편한 경우도 있습니다. 우리가 의를 이루기에 능력이 크게 못 미칠 때도 있습니다. 세상에 불의가 판을 쳐도 어떻게 할 도리가 없을 때도 있습니다.

그러다보니 그리스도인들조차 이 세상에 불의가 판을 쳐도 외면하고 별 다른 감각 없이 살아가는 것을 보게 됩니다. 비겁하게 기름을 치더라도 안위를 위해 살면 그만일까요?

배고프고 목마른데 먹을 것 마실 것을 찾지 않으면 어떻게 됩니까? 죽습니다.

주리고 목마르면 어떻게 해야 합니까? 절실하게 찾고 구해야 합니다.

물론 쉬운 일이 아닙니다. 그래서 의에 주리고 목마른 자가 복이 있다고 말씀하신 것입니다.

의에 살고 의에 죽고

일제 강점기 말기에 일본은 우리나라 사람들에게 신사참배를 강요했습니다. 당시는 일본이 우리나라를 강제로 합병한 지 20년 가까이 지난 때였습니다. 청일전쟁의 승리로 대한제국에 대한 배타적인 지배권을 확보한 지는 40년이 넘은 때였습니다. 일본의 지배는 영원할 것 같았습니다. 신사참배는 종교 행사가 아니라 국가 행사니 해도 된다는 이상한 논리가 동원됐습니다.

1938년 9월 10일 조선예수교장로회 제27차 총회는 신사참배를 하기로 가결했습니다. 많은 교회와 목사님들이 이 결의에 따라 신사참배를 했습니다. 당시 일본은 우리가 어쩔 수 없을 정도로 큰 힘을 가졌습니다. 그 후 몇 년이 지나지 않아 미국을 상대로 전쟁을 벌여서 태평양의 절반을 차지할 정도의 힘을 가졌습니다. 일본이라는 세상에서는 그 힘이 곧 정의였습니다.

하나님의 의에 주리고 목마른 사람들에게 그것은 의가 아니었습니다. 하나님의 의를 좇는 이들은 총회가 결의를 했으므로 마음에 들지 않지만 따른다는 식의 쉬운 변명도 할 수 없었습니다. 주기철 목사님도 그런 분들 중 하나였습니다. 목사님의 유명한 설교 제목처럼 '일사각오'의 마음으로 신사참배 반대에 나섰습니다.

신사참배 반대 운동의 상징이 된 주 목사님은 1939년에는 목사직에서 파면당하기까지 했습니다. 네 차례나 체포되어 감옥에 갔는데 감옥에서 모진 고문을 당했습니다. 겨울에 감옥이 추울까 봐 솜옷을 넣는 사모님에게 '솜 속에서 피가 얼어서 살을 찌르니 솜옷을 보내지 말라'고 부탁할 정도로 혹독한 고문이었습니다.

일본 순사는 신사참배에 적극적으로 반대하지 않고 조용히만 있어도 석방해주겠다고 했습니다. 하지만 주 목사님은 1940년 2월 산정현 교회에서 한 마지막 설교에서 '의에 살고 의에 죽겠다'는 결심을 밝혔습니다. 그해 9월에 다시 체포된 목사님은 1944년 감옥에서 순교했습니다.

본회퍼 목사님의 목마름

본회퍼 목사님은 1939년 6월 미국 유니온 신학교의 초청을 받아 미국으로 건너갔습니다. 2차 세계대전이 일어나기 직전이었습니다.

본회퍼 목사님은 1933년 라디오 방송에서 히틀러가 스스로를 신성시하는 것은 신을 모독하는 것이라며 그를 비판했습니다. 방송은 중단됐고 목사님은 나치의 감시를 받게 됐습니다. 당시 히틀러는 독일 국민들의 전폭적인 지지를 받으면서 총통의 자리에 오른 직후였습니다. 많은 독일 교회들이 히틀러와 나치를 지지하는 입장을 표명하는 중이었습니다. 그러나 본회퍼 목사님에게 히틀러는 스페인 내

전에 참전하고 체코슬로바키아를 침공하는 등 전쟁을 좋아하고 하나님의 의에서 벗어난 사람이었습니다.

목사님은 라디오 방송 이후에 반 나치 운동에 적극적으로 가담했습니다. 그러나 독일에서 나치의 세력은 날로 강해졌습니다. 목사님의 안전을 염려한 라인홀드 니버를 비롯한 유명 신학자들이 목사님을 미국으로 초청했습니다.

본회퍼 목사님은 미국에서도 독일과 독일 국민들이 겪게 될 고난에 마음이 아팠습니다. 독일 국민과 독일 교회에 하나님의 의를 외치기 위해 독일로 돌아갔습니다. 미국의 친구들과 동료들이 그를 붙잡았지만 소용없었습니다. 목사님이 독일로 돌아간 지 얼마 안 돼서 히틀러는 폴란드를 침공했고 2차 세계대전이 발발했습니다.

독일로 돌아간 목사님은 나치에 반대하는 신학자들과 교인들을 모아서 '고백 교회'를 결성하고 독일 교회의 회개를 외쳤습니다. 목사님은 독일 교회가 '싸구려 은혜'를 나누고 있다고 비판했습니다. 하나님의 의를 실천하지 않고 현실에 안주하며 은혜를 받을 것으로 착각하고 있다고 말했습니다. 목사님은 유대인 학살 등 나치와 히틀러의 죄를 고발했습니다.

1943년 히틀러를 암살하려는 계획에 참여했다는 것이 발각되면서 본회퍼 목사님은 악명 높은 나치 수용소에 수감됐습니다. 수용소에서도 독일을 위해 기도하던 목사님은 전쟁이 끝나기 직전인 1945년 4월에 교수형으로 순교했습니다.

일부에서는 본회퍼 목사님이 히틀러를 암살하려는 운동에 참여했다는 사실을 비판하기도 합니다. 하지만 목사님은 자신의 안전을 버리고 하나님의 의를 위해 독일로 돌아왔습니다. 독일 교회와 국민들의 회개를 외치며 기도했습니다. 하나님의 의에 주리고 목말랐기에 기꺼이 고난을 받았습니다.

주기철 목사님도 하나님의 의에 주리고 목말랐습니다. 조금만 비겁하고 무시하면 되는 것을 그렇게 할 수 없었습니다. 그래서 일사각오로 신사참배 반대 운동을 계속했습니다. 모두 의에 주리고 목말랐기 때문에 담대하게 나설 수 있었습니다.

영혼의 공간

인간은 영혼 즉 인간의 내적 자아를 채워야 살아가는 존재입니다. 그 내적 공간은 영적 요소로 채워야 합니다. 그래서 파스칼은 "인간은 하나님만이 채워줄 수 있는 빈 공간을 가지고 살아가는 존재"라고 말했습니다. 이 빈 공간을 채우려고 기꺼이 헌신하는 헌신자들이 있습니다.

하나님의 의를 실현하기 위해 막대한 헌금을 하는 사람도 있습니다. 오늘의 평안을 반납하고 전도자의 삶을 사는 전도자도 있습니다. 하나님의 의를 위해서 순교하는 순교자도 있습니다. 이 모두가 하나님만이 채울 수 있는 영혼의 빈 공간을 채우고자 하는 뜻에서 시작된 것입니다. 그것이 의에 주리고 목마름입니다.

의사 게리 헤멀린은 《그리스도를 위한 바보》라는 책에서 이렇게 말했습니다.

"나는 이제까지 사십 평생을 나만을 위해서 살았다. 이제부터는 하나님을 위해서 바보 같은 일을 벌이기로 작정하였다. 첫째, 사재를 털어 방황하는 십대를 위한 센터를 건립하자. 둘째, 가난한 여인과 아이를 위해 무료진료소를 짓자. 셋째, 더 많은 시간을 선교사역에 동참하자."

그리고 그는 마침내 자신이 운영하던 병원의 문을 닫고 하와이로 건너가 평생 선교에 몸 바쳤다고 합니다. 이 마음이 의에 주리고 목마른 자의 마음입니다. 그분이야말로 의에 주리고 목말랐던 사람입니다.

진정한 복이 무엇입니까? 단지 많이 먹고 배부른 것입니까? 좋은 집에서 편안히 살고 잠 잘 자는 것입니까? 진정한 복은 마음이 가난함입니다. 온유한 것입니다. 그래서 애통하며 의에 주린 사람이 되는 것입니다.

배부를 것임이요

의에 주리고 목마른 사람은 복이 있나니
그들이 배부를 것임이요
마태복음 5장 6절

배부름의 복

의에 주리고 목마른 사람에게 주어지는 복은 무엇입니까? 그것이 배부름의 복입니다. 예수님은 "의에 주리고 목마른 사람은 복이 있나니 그들이 배부를 것"이라고 말씀하셨습니다.

배부름은 복입니다. 배부르면 행복해집니다. 사람이나 짐승이나 아이나 배가 부르면 만족해합니다. 그래서 배가 부르게 되면 너그러워집니다. 사자도 사냥을 해서 배부르게 먹고 나면 눈앞에 지나가는 어린 영양조차 잡지 않습니다.

우리나라도 가난했던 시절이 있었습니다. 꽁보리밥이라도 배불리 먹는 것이 소원이던 시절이 있었습니다. 그 시절을 살았던 사람들은 배부름이 얼마나 큰 복인지 압니다. 많이 풍요로워진 요즘도 배부름에 대한 욕망은 여전합니다. 인터넷에 들어가면 맛 집에 대한 이야기들이 가득합니다. 단순한 배부름이 아니라 맛있고 건강한 배부름을 추구합니다. 배부름은 사람들을 행복하게 합니다. 배부름은 사람의 가장 기본적인 욕구이고 사람을 행복하게 만드는 것 중 하나입니다. 예수님도 양떼와 목자의 비유를 많이 사용하셨습니다. 목자의 인도를 따라 푸른 초장으로 간 양들은 배가 부릅니다.

그러나 예수님이 약속하신 배부름은 이런 육체적인 배부름을 넘어선 것입니다. 예수님은 우물에서 만난 사마리아 여인에게 "내가 주는 물을 마시는 사람은 영원히 목마르지 아니하리니 내가 주는 물은 그 속에서 영생하도록 솟아나는 샘물이 되리라"요 4:14고 말씀하셨습니다. 또 양식을 구해온 제자들에게 "나의 양식은 나를 보내신 이의 뜻을 행하며 그의 일을 온전히 이루는 이것이니라"요 4:34라고 말씀하셨습니다.

이것은 영혼의 공간이 채워지면서 오는 배부름입니다. 예수님이 약속하신 배부름은 영생하도록 솟아나는 샘물로 영원히 목마르지 않는 것입니다. 하나님의 뜻을 행하여 그 일을 온전히 이룬 데서 오는 배부름입니다. 의에 주리고 목마른 사람에게 주시는 복은 목자 되신 예수님이 생명수와 하늘의 양식으로 채워주시는 것입니다.

예수님의 배부름

의에 주리고 목마른 사람이 받는 배부름은 의의 배부름입니다. 의의 배부름은 많이 먹어서, 횡재해서 주어지는 것이 아닙니다. 이 세상은 하나님 뜻대로 살면 횡재는 없습니다. 오히려 핍박과 조롱과 불이익을 당할 수 있습니다. 우리 그리스도인들이 그렇게 살면 핍박이 주어지지만 내 안에는 감사와 기쁨이 주어질 수 있습니다. 그것이 의의 배부름입니다.

예수님 일행은 최후의 만찬을 마치고 산으로 올라갔습니다. 그때 예수님 일행은 찬미하며 올라갔습니다. 아무것도 모르는 제자들이야 만찬을 즐겼으니 찬미가 나올지 모릅니다. 그러나 예수님은 찬미할 상황이 아닙니다. 이제 산으로 올라가면 밤새워 피땀 흘려 기도해야 합니다. 그리고 내일 아침이면 체포되어 십자가를 져야 합니다. 그 고통이 얼마나 큰지 알기에 "내 아버지여 만일 할 만하시거든 이 잔을 내게서 지나가게 하옵소서"마 26:39라고 기도하셨습니다. 그렇지만 제자들과 찬미하며 감람산에 오르셨습니다.

울면서 기도하는 동안 육신이 약한 제자들은 잠에 빠져들 것입니다. 내일 아침이면 가룟 유다가 배반자의 모습으로 군인들을 앞세워 나타나게 될 것입니다. 닭이 세 번 울기 전에 가장 믿고 사랑하는 제자 베드로가 자신을 세 번이나 부인할 것입니다.

이렇게 고난을 받을 것을 뻔히 알면서도 찬미가 나온 것은 영적 배부름 때문입니다. 이 고난으로 사람들을 구원하고 하나님의 뜻을 여기까지 잘 이루어왔다는 배부름 때문입니다.

의의 배부름

어떤 사람이 집에 가다가 돈 뭉치를 주웠습니다. 그는 그 길로 파출소에 가서 주인을 찾아주라고 맡겼습니다. 한편으로 아쉬움도 있었지만 마음속에는 뿌듯함이 가득했습니다. 이것이 의의 배부름입니다.

어떤 역무원이 기차가 오는 줄도 모르고 철길을 건너가던 아이를 발견했습니다. 그는 생각할 겨를도 없이 아이를 구조하기 위해 철길로 뛰어들었습니다. 다행히 아이는 구했지만 자신은 미처 피하지 못했습니다. 이 사고로 그는 다리 하나를 절단해야 했습니다. 오랜 기간 동안 재활치료를 받아야 했습니다.

많은 시간이 흐른 뒤 그는 의족을 끼운 채 다시 역무원으로 근무하게 되었습니다. 사람들은 그가 다리 하나를 잃었기 때문에 불행할 것이라고 생각했습니다. 하지만 그는 두 다리를 가지고 일할 때보다 의족을 가지고 일하는 지금이 훨씬 더 감사하다고 고백했습니다. 다리는 절단됐지만 마음에는 행복이 가득하다는 것입니다. 옳은 일을 했다는 보람이 그 마음속에 가득 차 있기 때문일 것입니다. 이것이 의의 배부름입니다.

노인학교에서 뱃놀이를 갔습니다. 갑자기 파도가 밀려와서 배가 휘청거리는 바람에 할머니 한 분이 중심을 잃고 물에 빠졌습니다. 모두 발만 동동 구르며 큰일 났다고 사람 살려달라고 외치고만 있었습니다. 이때 한 할아버지가 용감하게 물속으로 뛰어들었습니다.

할아버지는 능숙한 솜씨로 헤엄을 치면서 할머니를 구해 올라왔습니다. 모두가 그 모습을 보고 환호하며 박수를 쳤습니다. 그런데 할머니를 구해서 배 위로 올라온 할아버지는 큰 소리로 외쳤습니다.

"누가 내 등을 떼밀었어?" 배 안에 모든 사람들은 크게 웃었습니다. 할아버지도 함께 웃었습니다. 아마 할아버지는 자신이 갑자기 주목받는 것이 쑥스러웠을 것입니다. 설사 타의에 의해 물에 뛰어들었다고 해도 할아버지의 어깨는 으쓱해질 수 있었을 것입니다. 좋은 일을 했다는 뿌듯함이 마음 안에 가득했을 것입니다.

그 마음이 의의 배부름입니다.

바울의 배부름

바울이 1차 전도여행 중에 버가에 도착했습니다. 나중에 위대한 전도자가 된 바울이지만 첫 전도여행은 무척 힘들었습니다.

네 번째 복 • 의에 주리고 목마른 사람이 받는 복

바울은 다메섹에 가던 길에 예수님의 음성을 듣고 변화됐습니다. 바울은 "예수님의 이름을 이방인과 임금들과 이스라엘 자손들에게 전하기 위하여 택한"행 9:15 그릇이었습니다. 그러나 그가 사울일 때 했던 수많은 박해들 때문에 사도들의 의심을 받았습니다. 다행히 바나바가 바울을 믿어줬고 안디옥 교회에 데리고 갔습니다.

안디옥은 당시 로마와 알렉산드리아 다음가는 큰 도시였습니다. 지중해에서 동쪽으로 가는 대상로의 출발지로 번영을 누리고 있었습니다. 스데반 집사가 순교할 때 흩어진 사람들에 의해 이곳에도 교회가 세워졌습니다. 로마인, 그리스인, 시리아인, 유대인 등 다양한 사람들이 오가는 도시인만큼 유대인이 아닌 사람들도 교회에 출입했습니다. 덕분에 안디옥 교회는 이방 전도의 기지가 됐습니다. 안디옥 교회에서 바나바와 바울을 지금의 아나톨리아 지방으로 파견했습니다.

어렵게 시작한 전도여행이었고 어려움도 많았습니다. 함께했던 마가 요한이 중간에 되돌아갈 정도였습니다. 가는 곳마다 유대인들의 박해를 받았습니다. 하지만 성과도 있었습니다. 로마 총독 서기오 바울에게 예수님의 말씀을 전했습니다. 비시디아의 안디옥에서는 안식일에 회당에 가서 말씀을 전하기도 했습니다. 곳곳에서 말씀을 전할 때 이방인들이 기뻐하며 찬송을 했고 말씀이 그 지방에 두

루 퍼졌습니다.

버가에 도착했을 때 바울과 바나바를 본 유대인들은 성내 유력자를 선동하여 그를 핍박하고 성 밖으로 쫓아냈습니다. 바울은 쫓겨나서 이고니온으로 갔지만 "기쁨과 성령이 충만"^{행 13:52}했습니다.

바울은 쫓겨났지만 기쁨으로 가득했습니다. 왜 쫓겨나면서도 기쁨으로 가득했습니까? 어려움 속에서 시작한 1차 전도여행을 통해서 이방인의 사도로서의 사명을 감당할 수 있다는 사실을 확인했기 때문입니다. 특별히 새로운 교회를 세우지는 못했지만 바울은 예수님이 주신 사명을 감당하고 있는 자신의 모습에 너무 기뻤습니다.

바울의 이런 모습이 의의 배부름입니다. 이 배부름이 있었기에 바울은 수많은 어려움을 견디고 많은 교회를 개척할 수 있었습니다. 많은 이방인을 전도하여 예수님의 복음을 전 세계에 전파하는 역할을 감당할 수 있었습니다.

예수님이 약속하신 생명수와 하늘의 양식만이 영혼의 만족함과 평안함을 줄 수 있습니다. 그것이 완전한 만족함이고 배부름입니다. 우리는 의의 배부름 때문에 힘을 얻습니다. 어떤 고난도 이길 수 있습니다. 희생도 순교도 합니다.

이것이 예수님이 약속하신 배부름입니다. 예수님은 이 복을 네 번째 복이라고 말씀하십니다.

'긍휼'은 헬라어로 '엘레오스'라는 말로 "자비"라는 뜻을 가지고 있습니다. 히브리어로는 '헤세드'라고 하여 직접 타인의 고통과 아픔에 동참하는 마음을 뜻합니다. 우리 국어사전에도 '불쌍히 여겨 돌보아줌'이라고 풀이하고 있습니다. 단순히 불쌍히 여기는 것을 넘어서 돌보아줘야 긍휼입니다.

다섯 번째 복

긍휼히 여기는 사람이 받는 복

25세의 젊은 로제타 홀은 교회에서 가난한 아시아 국가들의 이야기를 전해 듣고 긍휼히
여기는 마음을 가졌습니다. 또한 그것을 단지 마음에만 두지 않고 행동으로 옮겨 68세
할머니가 되어 미국으로 돌아갈 때까지 우리나라에서 의료 선교사로 활동하였습니다.
그녀의 아들 셔우드 홀 부부도 어머니를 따라 우리나라에서 의료 선교를 펼쳤습니다.
이들 덕분에 많은 환자들이 치료를 받았고 우리나라 근대 의학이 더 발전할 수
있었습니다. 또 그들을 통해 복음이 우리나라에 전파됐습니다.
긍휼은 이렇듯 실천하는 사랑입니다.

긍휼히 여기는 사람

> 긍휼히 여기는 사람은 복이 있나니
> 그들이 긍휼히 여김을 받을 것임이요
> *마태복음 5장 7절*

사랑은 행동

"긍휼히 여기는 사람은 복이 있나니 그들이 긍휼히 여김을 받을 것임이요." 다섯 번째 복은 긍휼히 여기는 자의 복입니다.

긍휼은 헬라어로 '엘레오스 ἔλεος'라는 말로 "자비"라는 뜻을 가지고 있습니다. '사랑' '동정' '불쌍히 여김'이란 뜻도 담고 있습니다. 약간 바꿔서 보자면 다섯 번째 복은 "자비를 베푸는 사람은 복이 있나니 자비함을 받으리라"는 말입니다.

긍휼은 히브리어로는 '헤세드 חסד'라고 합니다. 헤세드가 말하는 긍휼은 단순히 마음에 머무는 긍휼이 아닙니다. 단순한 동정도 아닙니다. 그냥 마음으로 '불쌍하다'라고 생각하고 그치는 것이 아닙니다. 직접 타인의 고통과 아픔에 동참하는 마음입니다. 헤세드의 마음이 있다면 같이 아픔을 느낍니다. 같이 아프니 자비를 베풀고 도와주게 됩니다. 우리 국어사전에도 긍휼을 '불쌍히 여겨 돌보아 줌'이라고 풀이하고 있습니다. 단순하게 불쌍히 여기는 것을 넘어서 돌보아줘야 긍휼입니다.

긍휼은 멈춰 있는 사랑이 아닙니다. 긍휼은 실천하는 사랑입니다. 기독교 신앙의 초점은 하나님의 사랑을 깨닫고 그 사랑을 실천하는 데 있습니다. 그 실천이 바로 긍휼입니다.

하나님의 긍휼

긍휼은 본래 하나님의 속성입니다.

하나님은 이스라엘 백성들이 이집트에서 나와 광야를 떠도는 중에 회막에서 모세에게 나타나 "나는 은혜 베풀 자에게 은혜를 베풀고 긍휼히 여길 자에게 긍휼을 베푸느니라"출 33:19라고 스스로를 소개하셨습니다. 시편 145편에서 다윗은 "여호와는 은혜로우시며 긍휼이 많으시며 노하기를 더디 하시며 인자하심이 크시도다. 여호와께서는 모든 것을 선대하시며 그 지으신 모든 것에 긍휼을 베푸시는 도다"시 145:8-9라고 노래하고 있습니다. 이것이 하나님의 속성입니다.

하나님의 긍휼은 사람의 긍휼과 다릅니다. 사람의 긍휼은 그냥 불쌍하다고 여기는 동정에 그치는 경우가 많습니다. 그러나 하나님의 긍휼은 사랑과 은혜와 용서가 포함된 행동하는 긍휼입니다.

탕자가 집에 돌아왔습니다. 아주 초라하고 병든 몸으로 돌아왔습니다. 그는 예전에 아버지에게 자기 몫의 재산을 미리 상속해달라고 졸라서 그걸 가지고 먼 나라로 떠났습니다. 허랑방탕하게 살다가 재산을 모두 잃고 가난해졌습니다. 돼지우리에서 돼지 밥을 먹어야 할 정도였습니다. 그러다 아버지의 집이 생각났습니다. 차마 아들로 대접해달라고는 못하고 일꾼 중 한 사람으로 삼아달라고 했습니다. 형은 "아버지의 살림을 창녀들과 함께 삼켜버린 아들"이라고 동생을 비난했습니다.

그런데 아버지는 그 아들을 긍휼히 여겼습니다. 아버지는 "종들에게 이르되 제일 좋은 옷을 내어다가 입히고 손에 가락지를 끼우고 발에 신을 신기라"눅 15:22라고 했을 뿐만 아니라 "살진 송아지를 끌어다가 잡으라. 우리가 먹고 즐기자"눅 15:23라며 잔치를 벌였습니다.

탕자 아들을 다시 받아들인 아버지의 모습이 바로 하나님의 긍휼입니다. 하나님은 우리를 이렇게 구원하신 것입니다. 하나님의 긍휼은 직접 사랑의 손길로 찾아오는 행동하는 긍휼입니다.

우리는 하나님의 자녀로서 하나님을 본받으며 살아가야 하는 사람들입니다. 그리스도인들은 이 세상에서 자비를 베풀고 긍휼을 베풀어야 합니다. 긍휼을 베푸는 삶이 하나님의 마음을 본받는 삶입니다. 긍휼을 실천하는 것이 하나님의 자녀 된 자로서의 마땅한 모습입니다.

예수님의 긍휼

〈팔복〉은 어떻게 보면 사랑의 실천에 관한 것입니다. 예수님은 갈릴리 언덕에 모인 사람들에게 사랑을 실천하는 삶에 대해 이야기 하신 것입니다. 사실 예수님 자체가 긍휼입니다. 예수님은 하나님의 사랑을 세상에 알린 전달자입니다. 예수님은 하나님의 사랑을 세상에 알리고, 보이고, 증거하는 삶을 사셨습니다.

예수님 긍휼의 극치는 십자가의 죽음입니다. 예수님은 십자가의 죽음으로 모든 것을 주는 긍휼을 우리에게 보여주셨습니다. 예수님은 긍휼이 용서이고 사랑임을 십자가 위에서 몸소 보여주셨습니다. 십자가 속에는 예수님과 하나님의 아가페적 사랑이 숨어 있습니다. 그 사랑은 타인을 위한 대속의 죽음입니다. 그것이 바로 긍휼입니다.

마태복음 5장부터 7장까지의 내용을 "산상수훈"이라고 합니다. 그중 앞부분의 〈팔복〉은 신학이고 교리입니다. 그리고 그 다음 부분은 모두 이 신학을 이루기 위한 시행세칙이고 생활규범입니다. 거기에서 긍휼의 내용을 설명하고 있습니다.

"누구든지 너로 억지로 오 리를 가게 하거든 그 사람과 십 리를 동행하고 네게 구하는 자에게 주며 네게 꾸고자 하는 자에게 거절하지 말라"마 5:41~42라고 말씀하셨습니다. 또 "너희 원수를 사랑하며 너희를 박해하는 자를 위하여 기도하라"마 5:44고 하셨습니다. 너희에게 나쁜 짓을 하는 사람에게 대적하지 말고, 원수까지도 사랑하라는 것이 예수님이 이야기하시는 긍휼입니다.

로제타 홀과 셔우드 홀의 헌신

교사였던 로제타는 어느 날 교회에서 아시아에 의료 선교사가 필요하다는 이야기를 들었습니다. 그녀는 자신이 그 일에 헌신하기로 결심하고, 펜실베이니아 여자의과대학에 진학했습니다. 의대를 졸업한 로제타는 1890년 배를 타고 태평양을 건너 한국에 왔습니다. 첫날 4명의 환자를 맞은 것을 시작으로 열 달 동안 2000명이 넘는 환자를 돌봤습니다.

그녀는 의료 선교사인 윌리엄 홀과 우리나라 최초의 서양식 결혼식을 올렸습니다. 부부는 평양에 병원을 설립하고 선교 활동을 벌였습니다. 남편 윌리엄 홀이 환자를 돌보는 도중 발진티푸스에 걸려 순교했습니다. 슬픔은 거기서 끝나지 않았습니다. 어린 딸과, 제자이면서 우리나라 최초의 여의사인 김점동까지 선교 활동 중에 잃는 아픔을 겪었습니다. 그러나 로제타 홀은 선교 활동을 계속했습니다. 43년 동안 우리나라에서 의료 선교사로 활동하고, 1933년 68세의 할머니가 되어 미국으로 돌아갔습니다.

로제타 홀의 아들 셔우드 홀은 우리나라에서 나고 자란 최초의 백인 아이였습니다. 어머니의 긍휼을 보고 자란 셔우드 홀은 자신도 의료 선교사가 되기로 결심했습니다. 그는 미국에서 의대를 졸업하고 의사가 됐습니다. 산부인과 의사인 마리안과 결혼한 뒤 1926년 아내와 함께 우리나라에 돌아와 의료 선교를 시작했습니다.

셔우드 홀은 특히 결핵에 관심이 많았습니다. 당시 우리나라에는 위생 상태와 영양 상태가 좋지 않아 결핵 환자가 많았습니다. 셔우드 홀은 우리나라에 와서 최초의 결핵 요양원을 건립하고 최초로 크리스마스 씰을 발행했습니다.

로제타 홀 가족 같은 선교사들의 긍휼 덕분에 우리나라에 복음이 전파됐습니다. 25세의 젊은 로제타 홀은 교회에서 가난한 아시아 국가들의 이야기를 전해 듣고 긍휼히 여기는 마음을 가졌습니다. 또한 그것을 단지 마음 안에만 두지 않고 행동으로 옮겼습니다. 아들 셔우드 홀 부부도 어머니를 따라 긍휼을 실천했습니다.

누구보다 우리나라를 사랑했던 이들 덕분에 많은 환자들이 치료를 받았고 우리나라 근대 의학이 더 발전할 수 있었습니다. 또 그들을 통해 복음이 우리나라에 전파됐습니다.

삼광중학교 이야기

경기도 파주시 적성면에 있는 삼광중학교는 평범한 중학교였습니다. 이 학교에 근육이 굳어가는 진행성 근육병에 걸린 아이가 입학하게 됐습니다. 학교는 비상이 걸렸습니다. 한 명의 장애 학생 때문에 다른 학생들의 수업이 방해받을 수 있다는 이야기도 나왔습니다.

무엇보다도 큰 문제는 장애인을 위한 특수학교가 아니라 장애 학생을 위한 시설이 되어 있지 않다는 것이었습니다. 근육병 때문에 휠체어를 타고 학교를 다녀야 하는데 학교에는 휠체어가 다니기 어려운 계단과 턱이 많았습니다. 화장실과 양호실 등 각종 부속 시설들도 장애인에 대한 고려가 전혀 없었습니다. 더구나 사립중학교라 시설을 바꾸기 위한 재원 마련에도 어려움이 있었습니다. 그런 이유로 1992년 뇌성마비에 걸린 학생을 다른 학교로 전학시킨 사례도 있었습니다.

삼광중학교 선생님들은 고민을 하고 또 고민했습니다. 학교 재단에서도 여러 차례 회의가 열렸습니다. 결과는 "장애인 학생도 비장애인 학생과 같은 교육을 받을 수 있도록 하자"는 의견이 우세했습니다.

학교에서는 장애인 학생을 위한 시설과 시스템 보완에 나섰습니다. 우선 장애인 학생을 계단 사용을 피할 수 있는 1층 교실에 배정하기로 했습니다. 원래 이 학교는 1층에는 여학생 반을 배치하고 있었습니다. 고민 끝에 전 학년을 남녀 혼합반으로 바꿨습니다. 긴급 예산을 편성해서 화장실 등을 휠체어를 타고도 이용할 수 있게 보완했습니다. 휠체어가 다닐 수 있게 턱을 없애고, 휠체어를 탄 채로 사용할 수 있는 특수 책상을 마련했습니다.

단 한 명의 학생 때문에 이런 시설을 만들고 시스템을 바꾸는 것이 낭비가 아니냐는 지적도 있었습니다. 하지만 삼광중학교 선생님들과 재단 관계자들 그리고 학생들은 한 명의 학생을 긍휼이 여겼습니다. 그 긍휼 때문에 원래 학교 시스템을 바꾸는 수고를 기꺼이 감수했습니다. 예수님이 말한 긍휼은 바로 이렇게 행동하고 실천하는 긍휼입니다.

긍휼은 마음이 아니라 행동

우리가 긍휼을 실천하며 살고, 자비를 베푸는 곳에 하나님이 전달되고, 표현되고, 증거됩니다. 긍휼과 자비를 통해 다른 사람들도 하나님을 알게 됩니다. 그리고 우리가 긍휼을 실천하면서 살 때 하나님의 축복이 메아리 되어 돌아옵니다. 모든 사람들에게 긍휼을 실천하면서, 긍휼로 하나님의 말씀을 전하고, 하나님이 나를 긍휼히 여길 것을 믿으며 사는 것이 예수님의 제자 된 사람들의 삶입니다. 긍휼은 우리 삶 속에서 계속 솟아 나와야 합니다. 우리 삶에서 긍휼이 행동으로 나타나야 합니다.

어떤 분들은 연속극을 보다가도 안타까운 모습을 보면 눈물을 펑펑 흘리시곤 합니다. 그것은 흉이 아닙니다. 그만큼 긍휼이 마음 안에 풍성해서 눈물이 나오는 것입니다. 그런 분들은 눈물만 흘리지 않습니다. 직접 행동합니다. 문자를 보내고 전화를 걸어 모금 운동에 참여합니다. 직접 현장에 뛰어가 돕기도 합니다. 긍휼이 넘쳐서 생기는 일들입니다.

오늘 이 시대는 이런 눈물조차 말라가고 있습니다. 긍휼이 메말라가는 시대입니다. 긍휼의 행동들이 점점 사라지고 있습니다. 그렇기에 예수님은 "긍휼히 여기는 사람이 복이 있나니 저희가 긍휼히 여김을 받으리라"고 말씀하신 것입니다.

긍휼히 여김을 받을 것임이요

> 긍휼히 여기는 사람은 복이 있나니
> 그들이 긍휼히 여김을 받을 것임이요
> 마태복음 5장 7절

긍휼히 여김의 복

긍휼히 여기는 사람은 반드시 긍휼히 여김의 복을 받습니다. "긍휼히 여기는 사람은 복이 있나니 그들이 하나님으로부터 긍휼히 여김을 받을 것이요." 긍휼은 반드시 그 응답과 결과가 있습니다. 긍휼의 열매가 메아리로 되돌아옵니다.

예수님은 제자들에게 이렇게 기도하라며 '주기도문'을 가르쳐주셨습니다. 거기에는 "우리가 우리에게 죄 지은 자를 사하여 준 것 같이 우리 죄를 사하여 주시옵고"마 6:12라는 구절이 있습니다. 산상수훈 중에 "그러므로 무엇이든지 남에게 대접을 받고자 하는 대로 너희도 남을 대접하라. 이것이 율법이요 선지자니라"마 7:12라는 말도

하셨습니다.

주기도문과 〈팔복〉의 다섯 번째 복에서, 한결같이 우리가 하는 것이 먼저고 나중에 거기에 따라 받을 것이 있다고 하신 말씀은 중요한 의미를 갖습니다. 하나님으로부터 긍휼히 여김을 받으려면 우선 긍휼히 여기는 사람이 되어야 합니다. 우리의 죄를 사함받기 이전에 우리에게 죄 지은 사람을 용서해야 합니다. 긍휼은 그냥 주어지는 것이 아닙니다.

우리가 사람에게 베푼 긍휼이 하나님의 긍휼이라는 더 큰 열매로 돌아오는 것이 긍휼입니다. 우리가 행한 긍휼이 다시 우리를 긍휼히 여기심으로 메아리 되어 돌아오는 것이 긍휼입니다. 긍휼은 열매고 메아리입니다.

이것을 모든 종교와 철학에서도 볼 수 있는 원칙이라고 해서 '황금률'이라고 합니다. 황금률은 예수님이 선포하신 산상수훈의 핵심적인 메시지 중 하나입니다. 황금률을 간단히 말하면 "다른 사람이 내게 해줬으면 하는 행동 그대로를 다른 사람에게 하라"라고 요약할 수 있습니다. 즉, 긍휼히 여김을 받고 싶으면 긍휼을 베풀라는 것입니다.

그러나 오늘 이 시대는 긍휼이 사라지고 모두 자기 위주의 삶을 살아가고 있습니다. 이익에 집착합니다. 이익을 위해 이웃을 속이고 배려하지 않습니다.

1만 달란트 대 100데나리온

마태복음에는 빚을 탕감받은 사람의 이야기가 있습니다. 어느 날 임금이 1만 달란트 빚을 진 종을 불러놓고 그 자신과 아내와 자식들과 모든 소유를 팔아서라도 빚을 갚으라고 했습니다. 이 종이 엎드려 절하며 갚겠다고 하자 그를 불쌍히 여긴 임금은 1만 달란트의 빚을 모두 탕감해줬습니다.

그런데 이 사람이 왕궁에서 나오는 길에 자기에게 100데나리온 빚진 사람을 잡아 감옥에 넣었습니다. 이 사실을 알게 된 임금은 그 종을 다시 불러 "내가 너를 불쌍히 여김과 같이 너도 네 동료를 불쌍히 여김이 마땅하지 아니하냐"마 18:33라고 꾸짖고 빚을 다 갚을 때까지 감옥에 가뒀습니다.

달란트와 데나리온이 얼마 정도의 금액인지 몰라서 이 이야기가 잘 실감나지 않는 분들도 있을 것입니다. 달란트는 고대 중동에서 무게를 재는 단위입니다. 나라에 따라 시대에 따라 변동이 있었지만 1달란트는 대략 26kg에서 32.3kg 사이로 추정됩니다. 어떤 연구가는 신약시대의 달란트는 58.9kg이었다고 주장합니다. 최소로 잡아도 260톤가량의 금입니다. 얼마나 큰 금액인지 상상이 됩니까? 어마어

마합니다. 오늘날 돈으로 환산하기도 불가능할 정도입니다.

반면 데나리온은 3.4g의 은화로 로마시대 노동자들의 하루 일당이었습니다. 어떤 연구자는 예수님 당시의 1달란트가 대략 6000데나리온에 해당한다고 합니다. 100데나리온이 적은 금액이 아닙니다. 일당을 6만 원이라고 해도 600만 원에 해당하는 큰돈입니다. 그러나 1달란트도 100데나리온보다 60배 이상 많습니다. 그런데 1만 달란트였으니 100데나리온과 어찌 비교조차 할 수 있겠습니까?

예수님이 이 이야기를 하신 것은 긍휼을 베풀지 않는 사람들을 비판하기 위해서였습니다. 우리는 하나님께 1만 달란트 이상의 죄를 지었습니다. 하나님은 긍휼로 그 죄를 용서하셨습니다. 우리가 하나님께 받은 긍휼을 생각하면 다른 사람이 우리에게 지은 죄가 아무리 크다고 해도 용서할 수밖에 없을 것입니다.

그런데도 1만 달란트를 용서받은 우리들은 우리에게 죄진 사람의 100데나리온 같이 작은 죄도 용서하지 못하고 있습니다. 용서는커녕 남을 해치는 일도 아무렇지 않게 하곤 합니다. 시편 15편 다윗의 시에서는 "혀로 남을 허물하지 아니하며 이웃을 비방하지 아니하며 이자를 받으려고 돈을 꾸어주지 아니하며 뇌물을 받고 무죄한 자를 해하지 아니하는 자"시 15:3가 하나님의 장막에 머무를 수 있다고 말합니다.

임금이 1만 달란트 빚진 자를 다시 감옥에 가둔 것처럼, 긍휼을 베풀지 않은 사람은 긍휼을 받을 자격이 없습니다.

긍휼의 열매

미국 미네소타 주에서 있었던 일입니다. 뜨거운 여름날 한 신사가 자동차를 몰고 가던 도중에 차가 고장 나서 멈춰버렸습니다. 휴대 전화도 없던 시절이라 참 난감했습니다. 주위를 둘러보니 다행히 집 한 채가 있어 전화를 빌리려고 문을 두드렸습니다. 집주인은 신사를 친절하게 맞으며 전화를 빌려줬습니다. 뿐만 아니라 밖이 더우니 정비공이 올 때까지 집 안에서 기다리라며 시원한 주스를 대접했습니다.

얼마 후 그 집 아이가 병이 들었습니다. 동네 병원에서 어찌할 수 없어서 도시의 큰 병원으로 갔습니다. 오랜 기간 입원 치료를 하다 보니 치료비가 많이 나올 수밖에 없습니다. 급한 대로 먼저 치료를 받긴 했지만 형편이 어려워서 퇴원이 가까워질수록 입원비가 크게 걱정됐습니다.

병원비가 얼마나 되는지 알아보려고 원무과를 찾아갔습니다. 그런데 원무과 직원은 병원비가 이미 납부됐으니 걱정하지 말라고 했습니다. 예상하지 못했던 일에 깜짝 놀라는 아이의 부모에게 직원이

쪽지 한 장을 전했습니다. 거기에는 "주스 한 잔과 친절로 병원비가 지불되었습니다. 의사 메이로부터"라고 쓰여 있었습니다. 예전에 주스 한 잔을 얻어 마신 그 신사가 바로 그 병원의 설립자이자 원장이었던 것입니다.

이것이 긍휼의 열매입니다.

영국 메리 여왕이 민정시찰을 나갔습니다. 몰래 농민들의 삶을 살펴보려고 일부러 허름한 옷을 입고 혼자 나왔습니다. 농촌을 둘러보며 농부들의 이야기를 듣고 있는데 갑자기 소나기가 내렸습니다. 급한 마음에 가까운 농가로 찾아갔습니다.

문을 두드리자 한 여인이 나왔습니다. 여왕은 지나가다 소나기를 만났다고 이야기하고 반드시 돌려줄 테니 우산을 빌려달라고 청했습니다. 그 여인은 여왕의 허름한 차림을 훑어보더니 여러 우산 중에서 찢어진 우산 하나를 빌려줬습니다.

다음 날 그 집 앞에 으리으리한 왕실 마차가 멈춰 섰습니다. 깜짝 놀라는 여인에게 멋진 옷을 입은 왕실 시종이 다가왔습니다. 시종은 우산을 돌려주며 "어제는 고마웠습니다. 메리 여왕님께서 감사 인사를 전하셨습니다"라고 말했습니다. 찢어진 우산과 약간의 사례금을 받아든 여인은 부끄러운 마음에 울음을 터뜨렸습니다. 이 여인은 긍휼을 실천하는 데 인색했던 스스로가 부끄러웠던 것입니다.

이 두 사람의 이야기가 아주 극단적인 경우라고 하시는 분도 있을 것입니다. 상대가 병원 설립자나 여왕이니까 그러는 것이 아니냐고 말입니다. 하지만 예수님은 "내가 진실로 너희에게 이르노니 너희가 여기 내 형제 중에 지극히 작은 자 하나에게 한 것이 곧 내게 한 것이니라"마 25:40라고 말씀하셨습니다. 우리가 목마르고, 헐벗고, 병들고, 옥에 갇힌 이들을 돌보면 하나님께서 그 긍휼의 열매를 돌려주신다고 약속하셨습니다.

나 같은 죄인 살리신

많은 사람들이 좋아하는 찬송가 "어메이징 그레이스Amazing grace"는 영국 성공회 존 뉴턴 신부가 작사했습니다. "나 같은 죄인 살리신"으로 번역된 이 찬송가는 하나님의 놀라운 은혜를 잘 보여주고 있어서 우리나라 사람들도 좋아하는 찬송가입니다.

1725년 영국에서 태어난 존 뉴턴은 상선 선원인 아버지를 따라 선원이 됐습니다. 당시 항해술이 많이 발전하기는 했지만 대양 항해에는 여전히 많은 위험이 따랐습니다. 배를 타는 일 자체가 힘들고 위험했기 때문에 선원들은 거칠고 방탕한 삶을 살았습니다. 존 뉴턴도 예외가 아니어서 한때는 백인 노예로 생활하기도 할 정도였습니다.

당시 영국에서는 범죄자들이나 부랑아들을 모아서 새로운 개척지에 노예로 보내는 일이 있었습니다. 백인 노예는 흑인 노예들과 달리 기간이 정해져 있어서 기간을 채우면 자동으로 노예에서 해방되는 점이 달랐지만 일상이 비참하기는 마찬가지였습니다.

운이 좋아 일찍 노예에서 벗어난 존 뉴턴은 노예 생활을 하면서 알게 된 것들을 바탕으로 노예무역에 종사하게 됐습니다. 당시의 노예무역은 주로 아프리카에서 흑인들을 잡아서 아메리카의 대농장에 팔아넘기는 것이었습니다.

스페인의 침략 이후 학대와 전염병으로 인디오 인구가 급감하자 노동력을 외부에서 수입하기 위해 시작된 것이 노예무역이었습니다. 노예 상인들은 아프리카에서 노예사냥을 하거나 부족장들에게 노예를 사는 방식으로 노예를 모았습니다.

노예들은 아프리카 서해안을 출발하는 순간 배 아래에 갇혀서 대서양을 건너는 긴 항해기간 동안 햇빛조차 볼 수 없었습니다. 비용을 아끼기 위해 앉을 자리조차 없을 만큼 노예들을 빽빽하게 태웠습니다. 도망가거나 폭동을 일으킬까 봐 족쇄를 채워 항해 내내 가둬놨습니다. 노예들은 대소변도 앉은 자리에서 봐야 했습니다. 물과 식량도 겨우 죽지 않을 정도만 넣어줘서 많은 흑인들이 굶어 죽었습니다. 살아남은 사람들도 비참한 환경과 악취에 시달렸습니다.

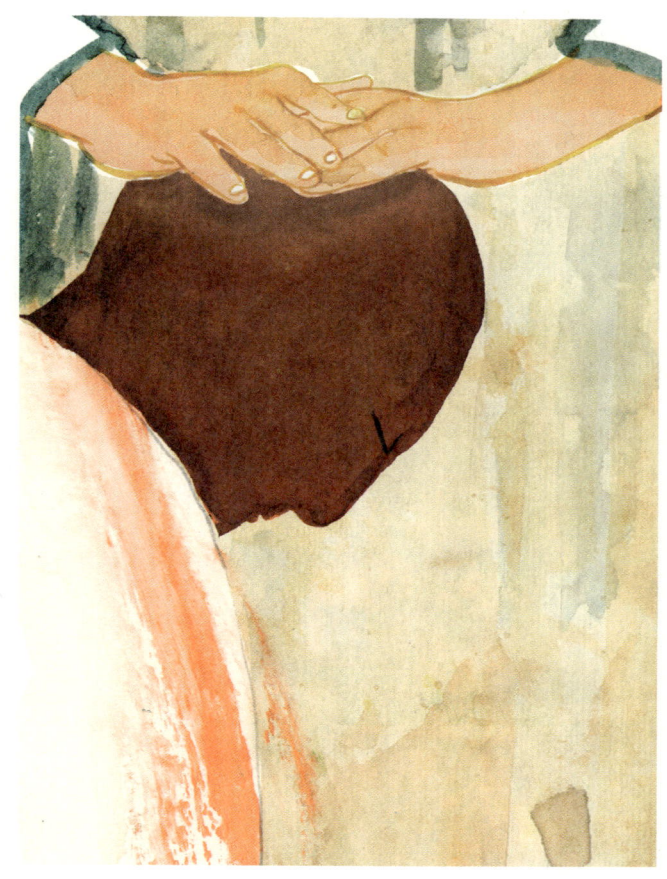

그러나 이것은 노예들이 앞으로 평생 짊어져야 할 노역에 비하면 작은 불행에 불과했습니다. 백인 노예들과 달리 흑인 노예는 기간 제한도 없었습니다. 주인이 노예를 때리거나 죽이는 것은 죄도 아니었습니다. 아메리카의 대규모 플랜테이션 농장에서의 강제 노역은 차라리 죽는 것만 못할 만큼 혹독한 것이었습니다. 설탕, 담배, 면과 같은 일상생활에 꼭 필요한 생필품이 노예들의 피땀으로 만들어졌습니다. 값싼 생필품들의 맛과 편리함에 취한 사람들은 노예들의 비참한 삶을 외면했습니다.

존 뉴턴은 노예들의 처지를 보면서 점점 노예 제도에 대한 회의를 느꼈습니다. 그러던 중 한 설교자의 말씀을 듣고 마음을 바꾸고 공부하여 성공회 신부가 됐습니다. 늦은 나이에 성직자가 된 존 뉴턴은 자신을 구원하신 하나님의 놀라운 은혜에 감격하여 시를 썼고 그것이 "나 같은 죄인 살리신"입니다. 가사 그대로 존 뉴턴은 방탕하고 아무렇게나 산 데다가 노예무역에 종사하던 자신을 돌보신 하나님의 은혜와 긍휼에 늘 감사했습니다.

긍휼에 감격해 시작한 노예 해방 운동

존 뉴턴은 자신이 받은 하나님의 은혜를 돌려주기 위해 남은 생을 바쳤습니다. "나 같은 죄인 살리신" 외에도 "시온성과 같은 교회"

"귀하신 주의 이름은" 등 아름다운 찬송시를 지었습니다.

하지만 무엇보다 존 뉴턴이 가장 마음과 힘을 쏟았던 것은 한때 자신이 종사했던 노예무역과 노예 제도를 폐지하는 일이었습니다. 노예로 살아보기도 하고, 노예를 운송하기도 하면서 노예 제도의 모든 면을 경험한 존 뉴턴은 노예 제도의 참상을 알리고 폐지하는 데 앞장섰습니다.

존 뉴턴의 열정은 영국의 국회의원이었던 윌리엄 윌버포스에게 영향을 주었습니다. 윌리엄 윌버포스는 감리교의 창시자인 존 웨슬리 등과 함께 노예무역 폐지에 나섰습니다.

이들의 오랜 노력으로 1807년 대영제국에서 노예무역이 불법화됐습니다. 무려 11번이나 법안이 부결되는 과정에도 굴하지 않고 끈기 있게 추진한 결과였습니다. 윌리엄 윌버포스는 이에 그치지 않고 모든 노예를 해방하기 위해 계속 활동을 해나갔습니다. 마침내 1833년 영국 의회는 1년 이내에 영국의 모든 노예를 해방한다는 법을 반포했습니다.

영국의 노예 제도 폐지 이후에 많은 나라들이 노예 제도를 폐지하라는 압력을 받았습니다. 많은 상선을 소유하며 해상 운송을 주도하던 영국이 자국 배에 노예를 싣는 것을 불법화하면서 노예무역은 큰 타격을 받았습니다. 오랜 시간이 걸렸지만 세계의 많은 국가들이 비인간적인 노예 제도를 폐지하게 됐습니다.

존 뉴턴은 자신이 하나님의 긍휼히 여김을 받았다는 사실에 감격했습니다. 그 감격을 실천하기 위해, 긍휼을 베풀기 위해 나섰습니다. 그의 긍휼은 노예 해방의 작은 기초가 됐습니다. 수많은 이들이 존 뉴턴과 비슷한 심정으로 노예 제도를 없애기 위해 나섰습니다. 그 결과 노예로 살 수밖에 없었던 많은 이들이 긍휼히 여김을 받았습니다.

긍휼 선언

예수님은 〈팔복〉 가운데 다섯 번째로 긍휼의 마음을 가지는 것이 복이라고 말씀하셨습니다. 우리는 모두 하나님의 긍휼로 자녀 된 사람들입니다. 우리는 그 복을 받은 것처럼 그 복을 나눠야 합니다.

바울은 편지에서 긍휼을 여러 차례 강조하고 있습니다. 고린도 교회에 보낸 편지에서는 "그러므로 너희는 하나님이 택하사 거룩하고 사랑받는 자처럼 긍휼과 자비와 겸손과 온유와 오래 참음을 옷 입고, 누가 누구에게 불만이 있거든 서로 용납하여 피차 용서하되 주께서 너희를 용서하신 것 같이 너희도 그리하고"골 3:12~13라고 긍휼을 나눌 것을 권면했습니다. 또 로마 교회에 보내는 편지에서 "긍휼을 베푸는 자는 즐거움으로 할 것이니라"롬 12:8라고 즐거운 마음으로 긍휼을 나눌 것을 권고했습니다.

예수님은 긍휼히 여기는 사람이 복 있는 사람이라고 말씀하셨습니다. 그 복은 먼저는 자신을 회복하게 하는 복입니다. 잃어버렸던 자아상을 회복하고 상실했던 인간성을 회복하게 하는 복입니다.

그리고 세상을 따뜻하게 회복하고 질서를 세우는 복입니다. 자신의 회복은 나 자신의 회복만으로 끝나지 않고 다른 이들에게도 전염됩니다. 그래서 그 행복이 전해지고 나누어지며 따뜻함과 회복됨의 축복이 이 세상을 회복시키고 질서를 세우게 만드는 것입니다. 그것이 메아리처럼 되돌려 받는 복입니다.

그 삶이 하나님의 뜻을 이루는 삶입니다. 하나님은 우리가 그렇게 살아가기를 원하십니다.

'청결'은 헬라어로 '카타로스'입니다. 이는 '순수하다'는 뜻입니다. 즉, 마음이 청결하다는 말은 마음이 순수하고 깨끗하다는 말입니다. 카타로스는 우리 마음 안에 오염된 것들이 사라지는 것을 의미합니다.

여섯 번째 복

마음이 청결한 사람이 받는 복

"하나님의 존재를 어떻게 증명할 수 있나? 하나님은 왜 자신의 존재를 드러내지 않나?"
삼성의 창업주인 이병철 회장이 타계하기 두 달 전에 남긴 질문 중 하나입니다.
생후 19개월에 시각과 청각을 잃은 헬렌 켈러에게 어느 날 기자가 물었습니다.
"당신은 보지도 듣지도 못하니 얼마나 불편하고 답답합니까?"
그러자 그녀는 이렇게 대답했습니다.
"그렇지 않습니다. 저는 이 눈으로 하나님 나라를 보았고 하나님을 뵙고 있습니다"
우리나라 최고의 부자 이병철 회장이 못 본 것을 보지도, 듣지도 못하는 헬렌 켈러는
보았습니다. 그녀가 어떻게 하나님을 보고 알 수 있었을까요?

마음이 청결한 사람

> 그 마음이 청결한 사람은 복이 있나니
> 그들이 하나님을 볼 것임이요
> 마태복음 5장 8절

청결함, 순수함

"마음이 청결한 사람은 복이 있나니 그들이 하나님을 볼 것임이요." 여섯 번째 복은 마음이 청결한 사람이 받는 복입니다.

청결은 헬라어로 '카타로스$_{καθαρος}$'라는 말입니다. 이는 '순수하다'는 뜻입니다. 즉 마음이 청결하다는 말은 마음이 순수하고 깨끗하다는 말입니다. 이 카타로스에서 '카타르시스'라는 말이 나왔습니다. 카타르시스라는 말은, 아리스토텔레스가 《시학》에서 사용한 말입니다. 비극을 보면서 마음속에 있는 갈등, 불안, 긴장 등이 해소되는 상태를 말합니다. 카타로스는 이와 비슷하게 우리 마음 안에 오염된 것들이 사라지는 것을 의미합니다.

시편 51편에서 다윗은 "내 하나님이여 내 속에 정한 마음을 창조하시고 내 안에 정직한 영을 새롭게 주소서"시 51:10라고 노래했습니다. 다윗은 우리아의 아내 밧세바와 동침하고 우리아를 죽음으로 내몰았습니다. 선지자 나단이 그를 꾸짖자 다윗은 여호와께 죄를 범했다고 뉘우칩니다. 그리고 시편 51편의 노래를 불렀습니다. 다윗은 자신의 죄를 씻겨 깨끗하게 되어 하나님과의 관계가 회복되기를 바랐습니다.

다윗의 노래처럼 오염되지 않고, 탐욕스럽지 않고, 깨끗하면서 순수한 마음은 하나님과의 관계에서 필수적인 조건입니다. 하나님의 은혜를 입고 살아가려면 마음이 청결해야 합니다. 그래야 하나님과 관계가 두터워지고 가까워질 수 있기 때문입니다.

마틴 루터의 청결

마틴 루터가 은혜를 받았습니다. 그래서 마음이 아주 맑고 순수해졌습니다. 이제는 조그만 죄를 지어도 그것이 마음에 걸려서 고해성사를 하러 신부님께 올라가게 되었습니다. 고해성사 후 내려오는 중에라도 나쁜 생각이 스치면 그것이 마음에 걸려 돌아가 또 고해성사를 했습니다.

너무 맑고 깨끗하면 조그만 먼지가 내려앉아도 표가 납니다. 그

래서 자꾸 쓸고 또 쓸고 닦아내야 합니다. 루터의 마음이 청결해졌기 때문에 자신의 작은 죄도 견딜 수가 없었습니다. 루터가 너무 사소한 것을 가지고 자꾸 고해성사를 하러 오니까 신부님이 루터의 고해성사를 받다가 지쳤습니다. 그래서 "이다음에 올 때는 좀 큰 것을 가지고 와!"라고 했다고 합니다.

약간은 유머가 섞인 이야기지만 루터의 마음을 잘 드러낸 이야기라고 생각합니다. 이렇게 청결한 마음을 가진 루터였기에 로마 가톨릭의 부패를 참을 수가 없었습니다. 남들은 아무렇지도 않게 생각했지만 청결한 루터의 눈에는 95개에 달하는 잘못된 것들이 보였습니다. 이 많은 옳지 않은 것을 버리고 오직 믿음으로, 오직 은총으로, 오직 성서로 돌아가자는 생각이 종교개혁의 시작이었습니다. 루터의 청결한 마음에서 프로테스탄트Protestant 즉, 개신교의 역사가 시작됐습니다.

청결한 마음은 모든 종교가 추구하는 이상입니다. 힌두교는 요가로 명상을 통해서 정신과 마음을 맑게 하려 합니다. 불교는 참선을 통해서 마음을 닦습니다. 도교는 수련을 통해서 마음을 정화하려 합니다. 유교는 수신을 통해서 정신과 마음을 맑게 하려 합니다. 모두가 마음을 청결하게 하고 정화하려고 하는 것입니다. 청결한 사람은 보기에도 좋습니다.

처음처럼

초보 집사가 목사님과 심방을 하게 됐습니다. 초보 집사는 심방은 뒷전이고 '나한테 기도를 시키면 어떻게 하나?'하는 걱정으로 가득했습니다. 아니나 다를까, 어떤 집에서 찬송을 부른 뒤에 목사님이 예고도 없이 "집사님께서 기도해주시겠습니다"하는 것입니다. 초보 집사는 눈앞이 캄캄해졌습니다.

우선 "하나님 감사합니다"라고 시작은 했지만 그다음 말이 생각나지 않았습니다. 그때 마침 기차가 요란한 소리를 내며 지나갔습니다. 이때다 싶은 초보 집사는 기차 소리에 묻히도록 중얼중얼하다가 기차가 다 지나가는 순간에 맞춰 "예수님 이름으로 기도합니다. 아멘"하고 기도를 끝냈습니다. 그리고 자신의 기지에 스스로 감탄하며 안도의 한숨을 쉬었습니다.

그런데 목사님이 "집사님, 기도를 열심히 하셨는데 기차 소리 때문에 하나도 못 들었어요. 다시 기도해주시면 안 될까요?"라고 했습니다. 당황한 초보 집사는 얼굴이 새파래졌습니다.

초보 집사가 당황스러웠던 것은 잘하고 싶은 마음이 앞섰기 때문일 것입니다. 회사에 들어가도, 군대에 가도, 어떤 일을 해도 처음에는 긴장되고 떨립니다. 아직 아무것도 못하지만 잘해보겠다는 열성이 있습니다. 그 마음이 처음의 순수함입니다.

'처음처럼'이라는 말도 있듯이 모든 처음은 순수함이 있고 설렘이 있습니다. 처음 그때는 누구나 마음이 백지장처럼 순수하고 깨끗합니다. 목사, 장로, 권사, 집사님들 모두가 처음에는 이런 마음이 있었습니다.

처음 예수님을 알고 만났을 때의 그 떨리는 마음을 기억하십니까? 그 마음을 오래 간직할 수 있을수록 좋습니다. 목사 안수 받던 날의 그 순수함, 장로 장립 받던 날의 그 떨림, 집사가 되고 권사로 임명받던 날의 그 순수함이 평생 유지될 수만 있다면 얼마나 좋겠습니까.

그런데 시간이 조금 지나면 처음의 긴장이 없어집니다. 거침없이 습관화되고 떨림도 사라지고 신선도도 떨어지게 됩니다. 그리고 마음에 때가 끼고 빛이 바랩니다. 무엇이나 오래되면 순수함과 청결함이 떨어집니다. 처음의 마음을 잊지 않았으면 좋겠습니다.

아이들의 순수함

미션스쿨 초등학교에서 이사님들이 학급 방문을 했습니다. 모두 청소하고 준비했습니다. 이사님들은 학교에 오시면 맨 앞에 앉은 아이들에게 항상 같은 질문을 했습니다. 담임선생님은 질문에 잘 대답하게 하려고 맨 앞자리에 똘똘한 아이들을 앉게 하고 미리 교육을 시켰습니다.

철이에게는 "우리를 지으신 분은 누구신가요?"하고 물으시면 "하나님입니다"라고 대답하라고 시켰습니다. 그 옆에 앉은 영희에게는 "우리를 먹이시고 기르시는 분은 누구신가요?"하고 물으시면 "부모님입니다"라고 대답하라고 준비시켰습니다.

그런데 방문단이 좀 늦어졌습니다. 철이가 그 사이를 참지 못하고 화장실에 갔습니다. 하필 그때 이사님들이 오셨습니다. 이사님은 앞자리에 앉은 영희에게 질문을 했습니다.

"우리를 지으신 분이 누구인가요?"

영희는 기다렸다는 듯이 대답했습니다.

"부모님입니다."

이사님이 의아해하며 되물었습니다.

"아니, 우리를 지으신 분은 하나님이 아니신가요?"

그러자 영희는 웃으며 대답했습니다.

"그 아이는 화장실에 갔어요."

얼마나 순수하고 맑고 깨끗합니까? 이것이 아이들의 세계입니다. 아이들은 백지와 같습니다. 아이는 부모님을, 선생님을 완전하게 믿습니다. 아이는 부모님이, 선생님이 가르쳐준 대로 합니다. 이 마음이 순수함입니다. 청결함입니다.

그래서 예수님께서도 어린아이 같아야 천국에 갈 수 있다고 말씀하신 것입니다. 우리도 하나님을 완전하게 믿고 가르치신 대로 따르는 순수함이 있어야 천국에 갈 수 있습니다.

바리새인의 겉과 속

예수님은 바리새인들을 무섭게 책망하셨습니다. 가장 큰 이유는 양심의 이중성 때문입니다. 겉은 의로운 척하면서 내면으로는 탐욕과 위선과 불의한 생각이 가득하다고 질책하셨습니다. 예수님은 그들을 향하여 "회칠한 무덤 같은 사람들"마 23:27이라고 하셨습니다.

당시 사람들은 시체와 무덤을 부정하게 여겼습니다. 스치기만 해도 부정하게 된다고 생각했습니다. 멀리서도 구별할 수 있고 밤에 보아도 알 수 있게 무덤에 하얗게 회칠을 했습니다. 멀리서도 알아보고 무덤에 접근하지 말라는 의미였습니다. 혹시 회칠이 벗겨지면 안 되니 정기적으로 덧칠했습니다. 그래서 무덤은 겉보기에 하얗고 깨끗했습니다. 하지만 그 속에는 시체와 뼈가 있었습니다.

예수님은 그 모습을 바리새인들과 같다고 하셨습니다. 바리새인들은 겉으로 깨끗한 척했지만 속은 온갖 탐욕으로 가득했습니다. 그들은 청결한 자가 아니었습니다. 예수님은 바리새인들의 이런 모습을 책망하고 질책하셨습니다.

물론 밖으로 남들에게 보이는 삶도 중요합니다. 우리는 다른 사람이 보기에도 깨끗한 삶을 살아야 합니다. 그러나 남들에게 보이는 삶보다 우리 안의 삶이 더 중요합니다. 우리 마음이 깨끗해야 하나님께 가까이 갈 수 있습니다.

그래서 마음이 청결한 사람이 복이 있다고 말씀하신 것입니다.

청결해야 하는 이유

그렇다면 왜 청결해야 합니까? 우리가 청결해야 하는 이유가 몇 가지 있습니다.

하나는, 청결은 하나님의 요구이기 때문입니다.

하나님은 우리에게 꾸준히 마음을 청결하게 할 것을 요구하셨습니다. 이스라엘 백성들을 이집트에서 건져내신 뒤에 먹을 것 못 먹을 것, 해야 할 일 하지 말아야 할 일을 가르쳐주신 다음에 "내가 거룩하니 너희도 거룩하라"레 11:44라고 말씀하셨습니다. 또 "여호와의 산에 오를 자 누구이며 그의 거룩한 곳에 설 자가 누구인가. 곧 손이 깨끗하며 마음이 청결한 자라"시 24:3고 하셨습니다.

하나님의 형상대로 지음을 받은 우리는 늘 하나님을 닮기 위해 노력해야 합니다. 하나님은 거룩하고 청결하신 분이시니 우리도 그분을 따라 거룩하고 청결하도록 노력해야 합니다. 손이 깨끗하고 마음이 청결한 것이 하나님께 가까이 가는 요소입니다. 하나님과 나의 관계를 두텁게 하는 요소입니다. 하나님 은혜의 바다에 깊이 빠지는 요소입니다.

또 하나는, 세상으로부터 우리 영혼을 지키기 위해서입니다.

사람의 마음은 유리창과 같습니다. 밖이 더럽고 먼지가 많을수록 유리창을 자주 닦아야 깨끗함이 유지됩니다. 우리의 영혼도 마찬가지입니다. 매일 침투해 들어오는 외적인 자극들을 차단할 필요가 있습니다. 자극이 강할수록 우리 영혼을 자주 닦고 깨끗하게 유지해야 합니다. 야고보서 1장에서는 "자기를 지켜 세속에 물들지 않게 하라"약 1:27고 말씀하셨습니다.

우리에게는 영적 훈련이 필요합니다. 경건의 연습도 필요합니다. 세상이 다 검은데 나만 희게 살려면 참 힘듭니다. 오늘은 자기 비움이 필요한 시대입니다. 매일매일 유리창을 닦듯 마음을 닦는 영적 훈련을 해야 합니다. 영적 훈련을 하지 않고 내 안에 욕망을 그대로 두면 희게 살기 어렵습니다. 청결한 자가 될 수 없습니다.

그리고 또 하나는, 하나님과의 교제를 위해서입니다.

우리와 하나님과의 관계를 방해하는 것들이 몇 가지 있습니다. 그중에서 우리 안에 있는 악의 뿌리가 가장 큰 방해거리입니다. 우리 영혼의 깊은 곳에는 여전히 악의 씨앗인 탐심과 시기, 위선, 교만,

자기 자랑이 가득 들어 있습니다. 이것들이 하나님과의 관계를 멀어지게 만듭니다. 이것들이 하나님과의 관계를 나빠지게 합니다.

또 악의 씨앗들은 우리 영혼을 오염시켜서 우리를 시험에 빠지게 하고 잘못된 길로 가게 해서 결국 하나님으로부터 멀어지게 만듭니다. 그래서 예수님은 우리에게 마음의 청결을 요구한 것입니다. 우리가 우리 안에 있는 악한 것들을 모두 몰아내고 마음을 청결하게 해야 하나님과의 관계를 방해받지 않습니다.

자기 십자가를 지고

하나님은 우리가 청결한 삶을 살기를 원하십니다. 죄로부터 우리의 영혼을 지키기 위해서는 청결해야 합니다. 우리가 하나님께 더 가까이 가기 위해서는 청결한 사람이 되어야 합니다. 그러나 이 청결함이 티끌도 묻지 않은 청결이 아닙니다. 세상을 살면서 누구든 실수를 할 수 있습니다.

다윗은 우리아의 아내 때문에 죄를 지었습니다. 그러나 나단이 다윗을 책망하자 자신의 죄를 고백하고 용서를 받았습니다. 베드로는 예수님을 알지 못한다고 세 번이나 부인했습니다. 그러나 닭 울음소리를 듣고 '나를 세 번 부인하리라' 하신 예수님의 말씀이 생각나 밖에 나가 심히 통곡했습니다.

우리는 약하고 불완전합니다. 죄를 지을 수 있습니다. 그런데도 바리새인은 스스로를 깨끗하다고 했기 때문에 예수님의 질책을 받았습니다. 반면 세리는 스스로 죄인임을 고백했기 때문에 의롭다 하심을 받았습니다. 우리는 우리가 죄를 지을 수 있는 사람임을 항상 기억해야 합니다. 그리고 날마다 스스로를 청결하게 하기 위해 노력해야 합니다.

예수님은 "누구든지 나를 따라오려거든 자기 십자가를 지고 나를 따르라"마 16:24고 하셨습니다. 우리는 우리 안에 있는 십자가를 지고 예수님을 따라 청결한 자가 되어야 합니다. 예수님은 마음이 청결한 사람이 복이 있다고 말씀하셨습니다. 어떤 복인가 하면 하나님을 볼 수 있는 복이라고 하셨습니다.

청결은 복입니다.

하나님을 볼 것임이요

> 그 마음이 청결한 사람은 복이 있나니
> 그들이 하나님을 볼 것임이요
> *마태복음 5장 8절*

이병철 회장의 잊혀진 질문

마음이 청결한 사람이 받는 복은 하나님을 뵙는 복입니다. "마음이 청결한 사람은 복이 있나니 저희가 하나님을 볼 것"이라고 말씀하십니다.

삼성의 창업주인 이병철 회장이 타계하기 두 달 전에 질문을 남겼습니다. 평소 안면이 있었던 박희봉 신부님에게 전달된 A4 용지 다섯 장 분량의 질문지에는 24개 항의 신과 종교, 인간에 관한 그의 마지막 질문이 담겨져 있었습니다. 이 회장은 질문에 대한 대답을 듣기 원했지만 갑작스런 건강 악화로 대답을 듣지 못한 채 타계했습니다.

이병철 회장의 질문은 한동안 잊혀졌습니다. 그러다 최근에 차동엽 신부님의 《잊혀진 질문》이라는 책을 통해 새롭게 세상에 알려졌습니다. 생전에도 거부였고 오늘날 세계적인 그룹이 된 삼성그룹의 기초를 만든 이병철 회장의 질문이었기에 많은 사람들의 관심이 쏠렸습니다.

이병철 회장의 잊혀진 질문의 처음은 이렇습니다.

"신의 존재를 어떻게 증명할 수 있나? 신은 왜 자신의 존재를 드러내지 않나?"

바꿔 말하면 "우리는 왜 하나님을 보지 못하나? 하나님은 왜 숨어 계시나?" 정도로 읽을 수 있을 것 같습니다.

우리는 왜 하나님을 보지 못할까요? 진짜 하나님은 숨어 계신 것일까요?

본다는 것, 믿는다는 것

도마는 예수님의 제자 중에서도 특별한 열정이 있는 사람이었습니다. 나사로가 죽었다는 소식을 듣고 이틀을 더 지낸 다음 예수님이 나사로가 살던 베다니로 가자고 하셨습니다. 제자들은 예수님을 말렸습니다. 베다니에 가면 예수님을 미워하던 유대인들이 예수님을 해치려 할 것이기 때문입니다.

제자들이 말려도 예수님은 나사로에게 가겠다고 하셨습니다. 이때 도마가 나섰습니다. 그는 제자들에게 "우리도 주와 함께 죽으러 가자"요 11:16라고 말했습니다. 도마는 예수님과 함께한다면 죽는 것도 두렵지 않았습니다. 도마는 열정이 있는 사람이었고 강한 사람이었습니다.

그런데 부활하신 예수님이 제자들 앞에 나타났을 때 도마는 그 자리에 없었습니다. 제자들이 예수님의 부활을 이야기하자 도마는 "내가 그의 손의 못 자국을 보며 내 손가락을 그 못 자국에 넣으며 내 손을 그 옆구리에 넣어보지 않고는 믿지 아니하겠노라"요 20:25라고 했습니다.

직접 보고 만지지 않고서는 믿지 못하겠다는 것입니다. 예수님과 함께 죽음도 마다하지 않겠다던 도마였지만 예수님의 부활은 직접 보지 않고 믿을 수 없었습니다.

이런 도마를 위해 8일이 지난 뒤 예수님이 제자들 앞에 다시 나타나셨습니다. 도마에게 십자가에서 못에 박힌 손을 보여주고 창에 찔린 옆구리를 만져보게 하셨습니다. 그리고 도마에게 "믿음 없는 자가 되지 말고 믿는 자가 되라"요 20:27라고 말씀하셨습니다. 그제야 도마는 "나의 주님이시요 나의 하나님이시니이다"요 20:28라고 고백했습니다.

직접 보고도 믿지 않을 사람이 있을까요? "백 번 듣는 것보다 한 번 보는 것이 더 낫다"는 말이 달리 나왔겠습니까? 도마처럼 '본다는 것은 곧 믿을 수 있다는 의미'이기도 합니다.

이병철 회장은 죽음을 앞두고 도마와 같은 마음이 들지 않았을까 생각해봅니다. 도마처럼 보이면 믿겠는데, 그럴 준비가 됐는데, 왜 보이지 않는지 궁금했을 것입니다.

하나님이 왜 안 보일까요? 하나님이 왜 숨어 있을까요?

아닙니다. 하나님이 왜 숨어 있겠습니까? 하나님은 분명히 내보이셨고 나타나셨습니다. 단지 우리들이 보지를 못하는 것뿐입니다. 우리의 욕망덩어리 눈을 가지고 하나님을 볼 수 있다면 그분이 어찌 하나님이라 할 수 있겠습니까?

마음의 창으로

헬렌 켈러는 생후 19개월에 고열을 앓았습니다. 간신히 목숨은 건졌지만 그때부터 청각, 시각을 잃어버렸고 듣지 못했기 때문에 말도 배울 수 없었습니다. 헬렌의 아버지와 어머니는 딸을 포기하지 않았습니다.

그러던 중 전화기 발명가 벨의 소개로 펄킨스 시각 장애인 학교를 막 졸업한 20세의 앤 설리번을 가정교사로 맞이하게 됐습니다.

본인도 약시였던 설리번 선생님은 헬렌을 누구보다 잘 이해할 수 있었습니다. 설리번 선생님의 사랑과 노력 덕분에 헬렌은 말을 할 수 있게 됐습니다.

8살이 된 헬렌은 설리번 선생님의 모교 펄킨스 학교에 진학했습니다. 헬렌이 말을 하고 학교를 다니는 것 자체가 기적이었습니다. 하지만 그녀가 보여줄 기적은 이제 막 시작이었습니다.

스스로의 노력과 설리반 선생님의 도움으로 공부를 계속해서 케임브리지 여학교와 지금은 하버드 대학이 된 레드클리프 대학교를 졸업했습니다. 1904년에 레드클리프드 대학에서 학사학위를 받았는데 그녀는 최초로 학사가 된 시청각 장애인이었습니다.

대학에 재학 중이던 1902년 《나의 생애》라는 책을 썼습니다. 헬렌은 이 책을 통해 자신이 21년간 살아오면서 겪은 것들을 이야기했습니다. 많은 사람들은 헬렌의 책에 감동을 받았고 그녀는 장애와 고난을 극복한 상징적 인물이 됐습니다. 학교를 졸업한 뒤 책을 쓰고 강연 활동을 하면서 많은 사람들에게 용기와 희망을 주었습니다.

헬렌은 특히 사회적 약자들에게 관심이 많았습니다. 평생 인권 운동에 참여했고 특히 여성 참정권 운동, 장애인과 노동자, 흑인들의 인권을 보호하기 위해 많은 노력을 했습니다.

이런 헬렌 켈러에게 어느 날 기자가 "당신은 보지도 듣지도 못하

니 얼마나 불편하고 답답합니까?"라고 물었습니다. 그러자 그녀는 "그렇지 않습니다. 저는 이 눈으로 하나님 나라를 보았고 하나님을 뵙고 있습니다"라고 대답했다고 합니다.

어릴 적 헬렌 켈러는 설리번 선생님과 함께 필립스 브룩스라는 유명한 성공회 신부님을 만났습니다. 필립스 신부는 헬렌에게 하나님과 예수님에 관한 이야기를 전했습니다. 이야기를 듣던 헬렌은 "저는 그분을 알고 있습니다. 단지 이름을 몰랐을 뿐이에요"라고 말했다고 합니다.

우리나라 최고의 부자 이병철 회장이 못 본 것을 보지도, 듣지도 못하는 헬렌 켈러는 보았습니다. 그녀가 어떻게 하나님을 보고 알 수 있었을까요? 그것은 하나님을 육신의 눈으로 보는 것이 아니기 때문입니다.

이병철 회장은 우리나라 최고의 부자였지만 타계하기 직전까지도 존재와 삶에 대해 의문을 가졌습니다. 그 답을 얻기 위해 신부님을 찾았지만 이미 건강이 악화된 탓에 대답을 얻지 못했습니다. 헬렌은 비록 육신의 눈은 닫혔지만 어린 시절부터 마음으로 하나님을 만나고 영적으로 하나님을 느꼈습니다. 누가 더 복 있는 사람이었을까요?

하나님 보기

우리도 하나님을 볼 수 있습니다. 방법은 두 가지입니다.

하나는, 청결한 마음을 가지면 하나님을 볼 수 있습니다. 마음이 청결한 자가 받는 복은 바로 하나님 보는 복입니다. 우리나라에서 제일가는 부자가 궁금했던 하나님을 청결한 마음을 가지면 볼 수 있습니다.

또 하나는, 영적인 안목이 있다면 하나님을 볼 수 있습니다. 물이 청결하면 깊이까지 볼 수 있습니다. 공기가 맑으면 멀리까지 볼 수 있습니다. 마찬가지로 영적인 안목이나 감각을 가지게 되면 하나님의 세계를 얼마든지 볼 수 있습니다.

예수님은 마음이 청결한 사람이 하나님을 볼 것이라고 했습니다. 신앙생활에서 중요한 것은 하나님을 보고 믿는 생활입니다. 본다는 것은 존재를 알고 믿는 것을 의미합니다. 도마처럼 보고 나면 이해하고 믿을 수 있게 됩니다.

하지만 헬렌 켈러가 고백했던 것처럼 하나님은 육신의 눈으로 보이는 분이 아닙니다. 마음으로, 영의 눈으로 봐야 볼 수 있습니다. 그런데 우리 마음이, 영이 깨끗하지 못하면 하나님이 보이지 않게 됩니다. 그래서 마음이 청결한 사람이 하나님을 볼 것이라고 말씀하신 것입니다.

믿음을 갖고 그리스도인으로 살아간다는 것은 마음으로, 영적인 눈으로, 믿음의 안목으로 하나님을 보는 생활입니다. 하나님을 보고 믿어야 그 믿음에 깊이가 있고 힘이 있습니다. 하나님을 보고 알아야 하나님의 뜻에 따라 살 수 있게 됩니다.

스데반이 본 하나님

초대교회에 사람들이 늘어나면서 도와줘야 할 사람들도 많아졌습니다. 특히 다른 지역에서 살다가 죽음이 가까워지자 하나님과 가까이 있기 위해 예루살렘으로 돌아온 유대인 과부들이 많았습니다. 이들을 돌보는 일 때문에 열두 사도들은 기도를 하고 말씀을 전하는 것에 소홀할 수밖에 없었습니다. 열두 사도들은 기도와 말씀을 전하는 것에 전념하기 위해 일꾼을 세웠습니다.

스데반은 믿음과 성령이 충만한 사람이었습니다. 그는 빌립, 브로고로, 니가노르, 디몬, 바메나, 니골라와 함께 안수를 받은 초대교회의 일꾼이었습니다. 스데반은 은혜와 권능이 충만했습니다. 보통 사람이 보기에 놀랍고 신기한 일들을 했습니다. 스데반과 여섯 명의 일꾼들로 인해 하나님의 말씀이 왕성해지고 제자들의 수도 많아졌습니다.

위험을 느낀 유대교의 장로들은 스데반이 모세와 하나님을 모독

했다는 거짓 증인을 세워 그를 잡아왔습니다. 적대적인 사람들 가운데 서 있어도 스데반의 얼굴은 천사의 얼굴과 같았습니다. 스데반은 이스라엘 역사를 열거하면서 유대인들이 의인을 죽였고 율법을 지키지 않았다고 말했습니다. 그리고 마음의 문을 열고 예수님과 하나님을 받아들일 것을 설교했습니다.

유대교의 장로들은 스데반의 말에 마음이 찔렸지만 반박할 수 없었습니다. 이때 스데반은 "성령 충만하여 하늘을 우러러 주목하여 하나님의 영광과 및 예수께서 하나님 우편에 서신 것"행 7:55을 보았습니다. 스데반은 유대교 장로들 앞에서 "보라, 하늘이 열리고 인자가 하나님 우편에 서신 것을 보노라"행 7:56라고 외쳤습니다.

이 말에 깜짝 놀란 유대인들은 스데반을 성 밖으로 데리고 가 돌로 쳐서 죽였습니다. 스데반은 돌에 맞아 죽는 중에도 "주여 이 죄를 저들에게 돌리지 마옵소서"행 7:60라고 기도하며 자신을 죽이는 사람들을 용서했습니다.

스데반은 자신을 박해하는 사람들 가운데서도 하나님과 예수님을 증거할 만큼 믿음이 강했습니다. 그의 얼굴은 천사와 같았고 놀라운 일을 할 수 있었습니다. 그래서 하나님의 영광과 그 오른쪽에 계신 예수님을 볼 수 있었습니다. 스데반은 청결한 마음을 가졌고 그의 강한 믿음 때문에 하나님을 볼 수 있었습니다. 그 복 때문에 자신을 죽이는 사람들도 용서하는 사람이 됐습니다.

스데반뿐만 아닙니다. 야고보의 형제인 예수님의 제자 요한도 영적 안목으로 하늘 위로부터 새 예루살렘이 내려오는 환상을 보았습니다. 그래서 "주 예수여, 어서 오시옵소서"계 22:20하고 외쳤던 것입니다.

진정, 복이란 무엇인가?

그리스도인들은 청결한 마음을 가지고 하나님을 보는 삶을 유지하도록 노력해야 합니다. 그러나 오늘 우리의 눈과 마음은 자꾸만 흐려지고 탁해져가고 있습니다. 하나님이 자꾸 보이지 않게 됐습니다. 오늘의 문화가 우리를 그렇게 만들고 있습니다. 오늘의 문화는 사람들로 하여금 욕망과 거짓을 품게 만들고 있습니다. 어른들은 어린아이들의 맑음과 순수함이 오래가도록 도와주어야 합니다.

그런 점에서 학교교육이 참 중요합니다. 학교에서는 교육을 통해서 아이들의 영혼과 정신, 마음과 영을 맑게 유지시켜 주어야 합니다. 그런데 오늘날 학교교육은 기대하기가 어렵습니다. 입시교육 중심으로 경쟁만 치열해지고 상대방을 이겨야 한다는 오늘의 교육은 아이들의 마음을 삭막하게 하고 상하게 하여 인성교육이 절대 부족한 현실이 되었습니다.

그러니까 상위 공부 잘하는 아이들 몇몇을 제외하고는 비전도 없이 공부를 하고 있습니다. 그 결과 학교에서 아주 메마른 심성의 열매로 폭력이 난무하게 되었고 친구의 돈을 갈취하고 폭력을 휘두르고 성폭행까지 나타나고 있습니다. 지금 아이들의 영혼이 얼마나 피폐하고 삭막해졌다는 말입니까. 이는 모두 어른들의 책임입니다. 오늘의 이 현상은 어제 오늘 만들어진 것이 아니고 수년 동안 우리의 환경이 만들어준 열매들입니다.

요즘 학생인권조례라는 것이 생겼습니다. 아무리 인권을 소중히 여기자는 취지일지라도 도를 넘고 있습니다. 인권조례 6조에서는 초중고생이 학교 내에서 동성애도 허용하자고 주장하고 있습니다. 7조에서는 초중고생의 임신·출산을 허용하자고 합니다. 16조에서는 초중고생들이 학교 내에서 정당 정치 활동을 합법화하자고 주장합니다. 또한 사학에서는 성경을 가르치거나 특정 종교를 말하지 말게 하자는 내용들이 담겨 있습니다.

생각해보십시오. 여러분 자신의 초중고생 아들딸들이 동성애를 하고 있습니다. 임신을 하고 있습니다. 학교에서 데모를 주동하고 있습니다. 그러면 그것도 자유이니까 묵인하자고 말할 수 있겠습니까? 이것이 누구를 위한 조례입니까.

오늘은 자유만 외칠 뿐 책임을 말하지 않고 있습니다. 분명 책임

없는 자유는 타락하고 방종하게 되어 있습니다. 더구나 자유를 누릴 만한 능력이 부족한 미성년자들에게야 말하면 무엇합니까. 그러니까 오늘 약한 아이들에게 무차별적으로 폭력을 휘두르고 있습니다. 돈을 갈취하고 있습니다. 성추행하고 있습니다. 심지어 교사에게까지 칼을 들이대는 아이들이 나타나고 있습니다.

그런 일을 저지르는 아이들은 죄책감이나 그것이 잘못되었다는 인식도 없이 재미로 해본다는 것입니다. 오늘 그런 아이들 마음속에 무슨 꿈이 있겠습니까. 무슨 동화가 있겠습니까. 무슨 배려가 있겠습니까? 여기서 우리는 복이 무엇인가를 생각해야 합니다. 복이 자유입니까? 부유함입니까?

예수님이 말씀하신 여섯 번째 복을 생각하게 됩니다. 복 있는 사람은 하나님을 보는 사람이라고 하셨습니다. 그리고 그 복은 청결한 마음에서 시작된다고 말씀하십니다.

헬라어로 '화평하게 하는 사람'은 '호이 에이레노포이오이'입니다. 이 말은 '평화를 만드는 사람'이라는 뜻입니다. 즉, 평화를 찾고, 만들고, 가져오는 사람이 화평하게 하는 사람입니다.

일곱번째 복

화평케 하는 사람이 받는 복

"주여 나를 평화의 도구로 써주소서.
미움 있는 곳에 사랑을, 다툼 있는 곳에 용서를, 분열 있는 곳에 일치를,
의혹 있는 곳에 믿음을, 오류 있는 곳에 진리를, 어둠 있는 곳에 빛을,
슬픔 있는 곳에 기쁨을 가져오는 자가 되게 하소서.
위로받기보다 위로하고, 이해받기보다 이해하고,
사랑받기보다 사랑하게 하소서."

화평하게 하는 사람

화평하게 하는 사람은 복이 있나니
그들이 하나님의 아들이라 일컬음을 받을 것임이요
마태복음 5장 9절

평화를 만드는 사람

"화평하게 하는 사람은 복이 있나니 그들이 하나님의 아들이라 일컬음을 받을 것임이요." 일곱 번째 복은 화평하게 하는 사람이 받는 복입니다. 헬라어로 '화평하게 하는 사람'은 '호이 에이레노포이오이οι ειρηνοποιοι'입니다. 이 말은 평화나 화평을 뜻하는 '에이레네'와 만드는 사람들을 의미하는 '포이오이'의 합성어로 '평화를 만드는 사람'이라는 뜻입니다.

'평화를 만드는 사람'이란 어떤 사람입니까? 평화를 만드는 사람은 그냥 앉아서 평화를 기다리는 사람이 아닙니다. 이미 평화로운 상태를 깨뜨리지 않도록 조심하는 사람도 아닙니다. 평화는 가만히 기다리기에는 너무나도 소중하고 귀한 것입니다. 평화는 깨지지 않도록 조심만 한다고 지켜지지 않습니다. 평화를 만드는 사람은 그것만으로 부족합니다. 평화를 만드는 사람은 평화가 없는 곳에서 평화를 찾고, 만드는 사람입니다. 다툼과 분쟁이 있는 곳에 평화를 가져오는 사람입니다. 그런 사람이 화평하게 하는 사람입니다.

오늘은 갈등의 시대입니다. 이웃 사이의 갈등도 있습니다. 자녀, 부부, 부모, 형제 사이의 갈등도 심각합니다. 또 다른 갈등은 우리 마음 안의 갈등과 불화입니다. 우리 안에는 많은 욕망, 욕구, 탐욕, 시기, 질투 등이 들어 있습니다. 이것들이 우리 안에서 싸우면서 갈등하게 만들고 실망하게 하고 삶을 포기하게도 만듭니다. 평화를 깨뜨립니다.

화평의 아름다움

오늘 이 시대는 화평을 실현하기 위해서 힘쓰고 수고하는 사람이 필요합니다. 그런 사람에게 하나님의 자녀가 되는 복이 임할 것이라고 말씀하십니다.

시편 133편은 이렇게 노래합니다.

"보라, 형제가 연합하여 동거함이 어찌 그리 선하고 아름다운고, 머리에 있는 보배로운 기름이 수염 곧 아론의 수염에 흘러서 그의 옷깃까지 내림 같고, 헐몬의 이슬이 시온의 산들에 내림 같도다. 거기서 여호와께서 복을 명령하셨나니 곧 영생이로다."^{시 133:1~3}

이스라엘을 비롯한 중동 지방에서는 토지와 가축을 큰 아들에게만 상속하는 것이 일반적이었습니다. 다른 형제들은 다 같이 살든지 아니면 홀로 나가서 스스로 토지와 가축을 마련해야 했습니다. 야곱은 두 번째를 택했습니다. 그는 아버지 이삭을 떠나 외삼촌 라반의 집에 가서 14년 동안 무상으로 일하면서 독립할 기반을 마련했습니다.

야곱의 아들은 12명이나 됐지만 함께 살았습니다. 그러나 야곱의 아들들은 화평하지 못했습니다. 형제들 사이에 질투가 있었습니다. 야곱이 가장 사랑했던 아들 요셉은 형들에게 죽음을 당할 뻔했습니다. 르우벤의 도움으로 간신히 목숨은 건졌지만 미디안 상인들에게 노예로 팔려갔습니다.

결혼을 하면 따로 사는 오늘날에도 '시월드(시댁 식구들을 이르는 말)' '처월드(처가 식구들을 이르는 말)'라는 말이 생길 정도로 가족들 사이에 갈등이 많이 있습니다. 그런데 형제가 동거하면서 화평한 것이 얼마나 아름답겠습니까. 그 화평은 향기로운 좋은 기름과 깊은 산 속의 아름다운 이슬에 비할 수 있을 만큼 가치 있습니다.

아줌마들의 평화

북아일랜드는 독립을 요구하는 IRA(아일랜드 공화국군)와 이를 막으려는 영국, 얼스터 민병대의 갈등이 심각했습니다. 양쪽은 테러와 보복으로 맞섰고 분쟁의 골은 깊어만 갔습니다. 1972년 영국은 치안 불안 등을 이유로 북아일랜드의 자치권을 회수하고 군대를 북아일랜드에 파견했습니다. 이 조치로 북아일랜드에서는 영국에 반대하는 시위가 더 심해졌습니다.

1월 30일 런던데리에서 발생한 시위에서 영국군이 시위대에게 발포를 해서 13명이 사망하는 사건이 발생했습니다. '피의 월요일'로 이름 붙여진 이 사건으로 북아일랜드는 테러와 보복이 일상화된, 평화가 없는 곳이 됐습니다.

평범한 아줌마였던 메이어드 커리건은 1976년 끔찍한 일을 겪었습니다. 영국군은 IRA의 수배자가 차를 운전하고 가는 것을 발견하고 발포를 했습니다. 총을 맞은 수배자는 운전을 할 수 없게 됐고 그 차가 길을 가던 사람들을 덮쳤습니다. 이 사고로 메이어드 커리건의 어린 조카 세 명이 차에 치어 사망했습니다.

갑작스런 사고로 사랑스런 조카 세 명을 잃은 메이어드 커리건은 너무나 슬펐습니다. 세 아이의 엄마였던 그녀의 언니는 이 슬픔을 이기지 못하고 나중에 자살로 삶을 마감했습니다. 끔찍한 슬픔 속에 메이어드 커리건은 총을 쏜 영국군도, 잦은 테러로 수배를 받았던 IRA도 원망하고 처벌을 요구할 수 있었을 것입니다. 힘이 있다면 어느 쪽이든 자신이 받은 슬픔만큼 되돌려주고 싶었을 것입니다. 그것이 보통 사람의 마음입니다.

하지만 보복과 보복이 반복되는 악순환은 끝없는 폭력을 불러올 뿐입니다. 우리가 받은 슬픔을 폭력으로 갚는다면 평화는 없습니다.

메이어드 커리건은 한없이 슬픈 가운데서도 보복과 보상보다는 다시는 이런 비극이 생기지 않게 하는 것이 더 중요하다고 생각했습니다. 그녀는 북아일랜드에서 폭력을 멈추고 평화를 찾아야 한다는 생각을 했습니다. 그것이 조카 세 명과 가족들이 겪었던 비극을 멈추는 길이라고 생각했습니다.

이 끔찍한 사고를 직접 눈앞에서 목격했던 베티 윌리엄스도 같은 생각이었습니다. 두 아줌마는 힘을 합하여 영국과 IRA 양쪽 모두에게 폭력과 보복을 멈출 것을 호소했습니다. 북아일랜드의 아줌마들에게 반폭력 운동에 동참해줄 것을 요청했습니다. 두 아줌마의 호소에 많은 북아일랜드 여성들이 동참해서 모든 폭력에 반대하는 평화 시위를 벌였습니다.

힘을 얻은 메이어드 커리건과 베티 윌리엄스는 평화를 찾기 위한 운동을 계속하기 위해 '피스 피플Peace People'이라는 단체를 조직했습니다. 피스 피플은 설립 한 달 만에 만 명이 넘는 회원을 모집할 정도로 많은 북아일랜드 사람들의 호응을 얻었습니다. 회원들은 IRA와 영국 지지자를 화해시키고 양측의 폭력을 멈추기 위한 다양한 활동을 벌였습니다.

피스 피플의 활동으로 메이어드 커리건과 베티 윌리엄스는 그해 노벨 평화상을 수상했습니다. 이후 피스 피플은 북아일랜드뿐만 아니라 전 세계 어디든 테러와 폭력이 발생한 곳에 가서 평화를 찾기 위해 노력하는 세계적 단체로 발전했습니다.

1999년 북아일랜드 자치 정부가 부활했고, 2005년에는 IRA가 무장투쟁의 중단을 선언했습니다. 아직 북아일랜드의 갈등과 문제는 여전하지만 심각하던 테러와 폭력은 멈췄습니다. 비록 오랜 시간이 흐른 다음이었지만 두 아줌마가 시작한 일로 북아일랜드에 평화가 찾아온 것입니다.

물론 피스 피플이 북아일랜드에서 폭력을 완전히 멈추게 하지는 못했습니다. 피스 피플의 활약에도 불구하고 북아일랜드는 물론 세계 어느 곳에서도 평화는 오지 않았습니다. 하지만 평화를 찾으려는 두 아줌마의 노력의 가치가 빛을 잃은 것은 아닙니다.

평화는 단순히 평화를 바란다고 오지 않습니다. 평화는 자신의 아픔을 잊고 먼저 용서하고 화해를 청해야 시작됩니다. 비극적인 현장에서 분노하기보다 폭력과 보복의 악순환을 멈추고 평화를 찾으려는 메이어드 커리건과 베티 윌리엄스 같은 이들이 예수님이 말하는 화평하게 하는 사람입니다.

하나님과의 갈등

오늘 사람들 사이의 갈등이 심각합니다. 전쟁도 폭력도 테러도 너무 일상적입니다. 이 모든 것들이 우리가 마음 안의 평화를 잃어버렸기 때문에 생긴 것입니다.

예수님 당시 바리새인들은 예수님을 거부했습니다. 교리와 율법, 분파주의와 배타주의에 열중했습니다. 자신들의 독선만 키웠습니다. 마음을 더럽혔습니다.

바리새인들이 힘을 얻을수록 이스라엘의 평화는 사라졌습니다. 열심당원들이 생겨났고 갈등은 더 심각해졌습니다. 그 결과는 예루살렘의 멸망과 파괴였습니다.

예수님은 예수살렘의 멸망을 예언하면서 눈물을 흘리셨습니다. 그리고 "너도 오늘 평화에 관한 일을 알았더라면 좋을 뻔하였거니와 지금 네 눈에 숨기웠다"눅 19:42라고 말씀하셨습니다. 하나님은 예수님을 이 땅에 보내 평화의 길을 주셨지만 유대인들은 그 길을 찾지 않았습니다.

오늘 우리들에게도 진정한 평화의 길이 감추어져 있습니다. 모두 하나님께 가려고 하지 않고 감각적인 일에만 몰두하고 있습니다. 심령을 가난하게 하지 않고, 애통해하지도 않습니다. 온유한 사람도, 의에 주리고 목마른 사람도 사라져갑니다. 다른 사람을 긍휼히 여기지도 않고 자기 마음을 청결하게 하지도 않습니다. 예수님 말씀처럼 우리는 참 평화의 길을 우리 눈에서 숨겨버렸습니다.

진짜 평화를 잃어버렸기 때문에 외적인 갈등도 심각합니다. 마음 안에 영적인 평화가 없는데 어떻게 사람들과의 관계가 평화롭겠습니까? 사회 갈등도 심각하고 국론과 의견이 갈가리 찢겨져 저마다 자기주장만 하고 서로를 비난합니다. 품격을 상실하고 서로 막말을 아무렇지도 않게 합니다.

그리스도인들은 사람들과 하나님과의 갈등을 치유해야 합니다. 하나님과 갈등을 빚고 있는 이 세상에서 참된 평화를 만드는 사람이 돼야 합니다. 오늘 하나님을 모르고 살아가는 사람들이 너무나 많습니다. 이것이 하나님이 가장 가슴 아파하는 부분입니다.

하나님은 그 관계를 회복하기 위해서 독생자 예수까지 제물로 보내셨는데, 이 관계가 정상화돼서 누구도 멸망치 않길 바라셨는데, 사람들은 아무런 반응도 없습니다.

참다운 쉼

키에르케고르는 "인간은 불화한 존재이고 불안해하는 존재"라고 말했습니다. 우리는 피곤하고 지치고 목마른 존재입니다. 예수님은 그런 우리들에게 "수고하고 무거운 짐 진 자들아 다 내게로 오라. 내가 너희를 쉬게 하리라"마 11:28고 말씀하셨습니다. 여기서 말하는 쉼은 모든 속박, 번뇌로부터 벗어난 참 자유와 평화를 뜻합니다. 예수님은 그러한 쉼을 주시겠다고 하십니다.

이 평화는 세상에 존재하지 않습니다. 어거스틴은 "오직 하나님에게만 평화가 존재한다"고 말했습니다. 바울은 로마 교회에 보낸 편지에서 "육신의 생각은 사망이요 영의 생각은 생명과 평안이니라"롬 8:6라고 분명히 말하고 있습니다. 육신을 따라서 세상적인 삶을 사는 것의 결과는 사망입니다. 하나님의 영을 따라서 사는 삶 속에 생명과 평화가 있습니다. 우리가 진짜 평화를 맛보려면 평화의 하나님께 나아가 하나님과의 관계를 회복해야 합니다. 진짜 평화는 평화의 주인이신 하나님을 우리 안에 받아들일 때 가능한 일입니다.

예수님은 제자들과 마지막 만찬을 한 자리에서 "평안을 너희에게 끼치노니 곧 나의 평안을 너희에게 주노라. 내가 너희에게 주는 것은 세상이 주는 것 같지 아니하니라. 너희는 마음에 근심도 말고 두려워하지도 말라"요 14:27고 말씀하셨습니다. 예수님이 이야기하신 평안은 세상이 주는 것과는 다른 진정한 평화입니다.

찬송가들은 예수님의 평화를 노래합니다.

"내 영혼의 그윽이 깊은 데서 맑은 가락이 울려나네 하늘 곡조가 언제나 흘러나와 내 영혼을 고이 싸네."

영혼의 소리가 흘러나와 내 영혼을 고이 싼다는 것은 내 병든 영혼과 심령, 마음을 고치신다는 말입니다.

"내 영혼이 은총 입어 중한 죄 짐 벗고 보니 슬픔 많던 이 세상도 천국으로 화하도다."

내려놓고 보니 슬픔 많던 이 세상도 천국이더라는 고백의 찬송입니다.

하나님과의 관계가 바로 세워짐으로써 찾아오는 평화입니다. 진정한 평화는 우리가 하나님께 가야만 얻을 수 있습니다.

참 평화의 길

참 평화는 어떻게 얻을 수 있습니까? 예수님은 우리에게 참 평화를 얻는 길을 제시하십니다.

"내가 세상에 화평을 주러 온 줄로 생각지 말라 화평이 아니라 검을 주러 왔노라." 마 10:34

화평 대신 검을 주러 왔다는 말은 역설입니다. 화평과 반대되는 검을 예수님이 주겠다는 것입니다. 이게 무슨 앞뒤가 안 맞는 말입니까?

예수님이 주시는 검은 평화로 가기 위한 검입니다. 우리들이 참 평화를 얻으려면 먼저 평화의 하나님께 나아가야 합니다. 즉, 하나님을 바로 아는 것이 평화의 시작입니다. 사람이 하나님 앞에 나아가고 하나님을 만나는 것은 쉬운 일이 아닙니다. 자기 욕망대로 욕심대로 살다가 갑자기 욕망과 욕심을 버리기는 쉽지 않습니다.

하나님을 만나려면 심각한 자기와의 싸움, 영적 싸움을 해야만 합니다. 그것은 개인뿐만 아니라 나라와 민족도 마찬가지입니다. 우리나라의 역사만 봐도 알 수 있습니다. 우리나라에 복음이 처음 들어올 때 얼마나 많은 사람들이 피를 흘렸습니까? 많은 선교사들과 신앙의 선배들이 고난과 순교를 겪었습니다. 너무도 어려운 과정을 거쳐서 복음이 뿌리를 내렸습니다. 그것이 검으로 자기를 찢고 찌르는 아픔입니다.

그래서 예수님은 화평을 얻으려면 먼저 검을 받아야 한다고 말씀했습니다. 검으로 심각한 영적인 싸움을 거치고 나서 비로소 하나님이 주신 참된 평화를 경험할 수 있습니다.

그 평화가 예수님이 말씀하신 일곱 번째 복 '화평'입니다. 그래서 이 화평을 가져오는 사람을 화해자Reconciler라고 하며 화평케 하는 사람을 피스 메이커Peace Maker라고 하는 것입니다.

평화를 도모하는 사람

오늘 누가 복이 있는 사람인가 하면 바로 이 화평을 가져오는 사람입니다. 이런 사람을 하나님 아들이라고 말씀하신 것입니다. 이 세상에는 불화를 일삼는 사람도 있고 사람들의 마음을 언짢게 하는 사람도 있습니다. 또한 조화를 깨는 사람도 있습니다.

그래서 우리는 성 프란시스의 평화의 기도를 생각하게 됩니다.

"주여 나를 평화의 도구로 써주소서. 미움 있는 곳에 사랑을, 다툼 있는 곳에 용서를, 분열 있는 곳에 일치를, 의혹 있는 곳에 믿음을, 오류 있는 곳에 진리를, 어둠 있는 곳에 빛을, 슬픔 있는 곳에 기쁨을 가져오는 자가 되게 하소서. 위로받기보다 위로하고, 이해받기보다 이해하고, 사랑받기보다 사랑하게 하소서."

세상에서 평화가 제일입니다. 바울은 에베소 교회에 보낸 편지에서 예수님의 부활에 대해 "또 오셔서 먼 데 있는 너희에게 평안을 전하시고, 가까운 데 있는 자들에게 평안을 전하셨으니"엡 2:17라고 고백했습니다. 예수님도 평화를 위해 오신 것입니다. 그렇기에 우리들도 예수님을 따라 평화를 가져오는 사람이 되어야 합니다.

우리가 먼저 평화를 이루며 살아야 합니다. 그리고 다른 사람 안에 평화를 가져다 줄 수 있어야 합니다. 그런 사람이 복이 있는 사람입니다. 우리는 세상에 평화를 이루는 사명을 이뤄야 합니다. 그 사람이 복이 있는 사람입니다.

마음의 갈등이나 불화는 우리의 삶과 생명을 좀먹고 하나님과 멀어지게 만듭니다. 삶의 맛을 잃게 하고 단잠을 빼앗고 삶의 의미를 상실하게 만듭니다. 그래서 예수님은 "화평케 하는 사람은 복이 있나니 하나님의 아들이라 일컬음을 받으리라"고 말씀하셨습니다.

우리는 가는 곳마다 절대로 화평을 깨뜨려서는 안 됩니다. 오히려 화평을 이루는 사람이 되어야 합니다. 그 사람이 복 있는 사람입니다.

하나님의 아들이라 일컬음을 받을 것임이요

> 화평하게 하는 사람은 복이 있나니
> 그들이 하나님의 아들이라 일컬음을 받을 것임이요
> 마태복음 5장 9절

하나님 아들 됨의 복

화평케 하는 사람은 하나님의 자녀로 인정받은 사람입니다. "화평케 하는 사람은 복이 있나니 그들이 하나님의 아들이라 일컬음을 받을 것이요"라고 말씀하셨습니다.

시편 2편은 하나님이 유다의 왕을 세우는 장면을 노래합니다. 하나님은 왕에게 "너는 내 아들이라 오늘날 내가 너를 낳았도다"시 2:7라고 말씀하십니다. 하나님이 왕을 아들로 인정한 것입니다. 하나님은 그 아들에게 "내게 구하라. 내가 열방을 유업으로 주리니 네 소유가 땅 끝까지 이르리로다"시 2:8라고 약속하십니다.

또한 "그의 아들에게 입 맞추라. 그렇지 아니하면 진노하심으로 너희가 길에서 망하리니 그의 진노가 급하심이라. 여호와께 피하는 모든 사람은 다 복이 있도다"시 2:12라고 말씀하셨습니다.

유다의 왕은 하나님의 아들로 인정받는 사람이었습니다. 하나님은 그 아들에게 모든 세계를 주실 것이고, 그 아들과 함께하지 않는 사람은 진노로 길에서 망하게 하신다고 말씀하신 것입니다. 이것이 하나님의 아들로 일컬음을 받는 자가 누리는 특권입니다.

하나님의 아들이라 일컬음을 받는 것은 하나님께 그 아들로 인정을 받는다는 의미입니다. 사람들도 그가 하나님의 사람임을 인정한다는 의미입니다. 누구에게든 인정받는 삶이 중요합니다. 인정받음, 거기에서 힘이 솟아납니다. 능력이 주어집니다. 소망이 만들어집니다.

특히 자라나는 청소년들에게는 인정받는 삶이 참 중요합니다. 인정받을 때 열심히 하고자 하는 동기가 발생합니다. 선생님의 인정하는 말 한마디가 힘을 솟게 만듭니다. 부모님의 인정하는 말 한마디에 더 노력하게 됩니다. 사람들이 인정해주면 더 열심히 일하게 됩니다.

그런데 사람이 아닌 하나님에게 인정받는다고 생각해보십시오. 얼마나 소중한 복입니까? 예수님은 화평케 하는 사람에게 이런 복이 있을 것이라고 말씀하십니다.

티무르의 조상

1402년 터키 앙카라 근처에서 티무르의 군대가 술탄 바예지드 1세의 오스만 튀르크와의 전투에서 승리했습니다.

오스만 튀르크는 나중에 동로마제국을 정복하고 중앙아시아와 중동, 이집트와 북아프리카, 아나톨리아, 그리스에 이르는 대제국을 건설한 강성한 나라였습니다. 바예지드 1세는 오스만 튀르크제국 초기의 기초를 닦은 훌륭한 술탄 중 한 명이었습니다.

그는 군사를 아주 신속하게 움직이고 강력한 공격을 펼친다고 해서 별명이 '번개'일 정도로 뛰어난 지휘관이기도 했습니다. 그가 동로마제국을 침략하자 위협을 느낀 황제가 서유럽과 로마 교황에게 도움을 청한 것이 십자군 전쟁의 시작이었습니다.

이렇게 대단한 술탄이 앙카라에서 벌어진 전투에서는 티무르에게 대패하고 도망가다가 포로로 잡히고 말았습니다. 이 패배로 동로마제국은 오스만 튀르크의 압박에서 벗어나 한동안 생명을 이어갈 수 있었습니다.

바예지드 1세를 이긴 티무르는 거의 모든 전투에서 패하지 않은 것으로 유명합니다. 중앙아시아의 사마르칸트에서 출발한 그의 군대는 페르시아 지방과 중동 지방을 거쳐 인도에까지 이르렀고 오스만 튀르크와 싸웠고 모스크바를 정복하기도 했습니다.

이렇게 강력한 티무르는 칭기즈칸의 후손을 자처했습니다. 티무르라는 이름도 칭기즈칸의 어릴 적 이름인 테무친과 같은 '쇠'라는 뜻을 가지고 있습니다. 칭기즈칸의 몽골제국을 계승한다고 밝혔고 심지어 칭기즈칸의 후예가 분명한 미망인과 결혼하기까지 했습니다. 오늘날 역사가들에 따르면 그는 실제로는 몽골족이 아니라 투르크족에 가깝다고 합니다.

티무르는 자신의 제국을 수많은 전투의 승리를 통해 세웠습니다. 굳이 칭기즈칸의 후예라고 할 이유가 별로 없었습니다. 하지만 티무르는 왜 칭기즈칸의 자손이 되고 싶었을까요?

티무르제국이 일어나고 있을 당시는 칭기즈칸의 정복이 시작된 지 200년 가까이 지난 뒤였습니다. 그러나 위대한 정복자이자 세계제국을 건설한 칸의 명성은 여전히 남아 있었습니다. 칭기즈칸의 후예를 자처하는 것이 자신의 군대에게는 힘을 주고 적들에게는 공포감을 주었습니다. 또 정복 전쟁을 정당화하는 효과도 있었습니다.

누구의 자손을 자처한다는 것은 바로 이런 힘이 있습니다. 티무르는 스스로도 위대한 정복자였지만 칭기즈칸의 자손을 자처했습니다. 그것이 티무르의 제국에 힘을 부여했습니다.

그런데 단순한 자손이 아니라 '아들'이라면 어떻겠습니까?

예수님은 우리가 화평케 하는 사람이 되면 하나님의 '아들'이 되는 복을 받는다고 하셨습니다. 왕의 자손도 아니고 하나님의 아들입니다. 얼마나 큰 힘입니까?

옥타비아누스의 계승

옥타비아누스는 카이사르의 누나인 율리아의 손자였습니다. 친아버지는 옥타비아누스가 네 살 때 죽었습니다. 어머니 아티아는 재혼을 했고 옥타비아누스와 누나 옥타비아는 외할머니 율리아의 손에서 자랐습니다.

옥타비아누스가 외할머니에게 온 해에 카이사르는 제1차 삼두정치의 결과로 집정관에 당선됐습니다. 그다음 해부터 유명한 갈리아 원정을 떠나 주로 갈리아 지방에 머물렀습니다. 어린 소년이 외할머니의 동생인 카이사르를 볼 기회가 그다지 많지 않았을 것입니다.

카이사르가 군단을 이끌고 루비콘 강을 건넜을 때 옥타비아누스는 14살에 불과했습니다. 어른으로 인정받는 토가를 입기도 전이었습니다. 카이사르의 사위이자 삼두정치의 동맹자인 폼페이우스가 이탈리아 반도를 포기하고 그리스 지역으로 건너가자 내전은 장기화됐습니다.

옥타비아누스는 빨리 전쟁에 참여하고 싶어 했습니다. 그러나 나이가 어린 탓에 어머니 아티아가 반대했습니다. 17살이 되던 해에 마침내 히스파니아 원정에 참여하는 것이 허락됐습니다.

폼페이우스는 이집트에서 죽었고 그의 아들들과 부관들이 히스파니아로 도망갔습니다. 이들을 붙잡기 위해 시작된 것이 히스파니아 원정이었습니다. 얄궂게도 히스파니아로 출발하려는 때에 옥타비아누스는 병에 걸려 군대와 함께 출발하지 못했습니다. 나중에 배로 떠났지만 배가 난파되면서 발이 묶였습니다. 옥타비아누스는 포기하지 않고 배를 수리해서 어렵게 카이사르가 있는 곳에 도착했습니다. 카이사르는 어린 옥타비아누스의 끈기와 책임감에 강한 인상을 받았습니다. 그는 옥타비아누스를 자신의 마차에 함께 데리고 다녔습니다.

기원전 45년 문다전투의 승리로 히스파니아 원정을 마무리 지은 카이사르는 내전의 승자가 됐습니다. 로마로 돌아온 그는 옥타비아누스를 양자로 삼고 유언장을 고쳐서 자신의 정치적 계승자로 지명했습니다.

기원전 44년 카이사르가 갑작스럽게 암살됐을 때 옥타비아누스가 실제로 가진 것은 별로 없었습니다. 2차 삼두정치의 상대인 안토니우스와 레피두스에 비하여 그는 재산도 군대도 명성도 정치나 전투 경험도 없었습니다.

하지만 그는 그 누구도 가지지 못한 것이 있었습니다. 바로 카이사르의 아들이라는 사실이었습니다. 이것을 무기로 그는 카이사르의 암살자들과 전쟁에서 이겼고 안토니우스와 전쟁에서도 이겼습니다.

카이사르의 후계자를 결정하기 위한 전쟁에서 승리한 그에게 원로원은 '존엄한 사람'이라는 뜻의 아우구스투스라는 호칭을 수여했습니다. 옥타비아누스는 아무것도 없이 출발했지만 카이사르의 아들이라는 것을 무기로 로마의 최고 자리에 올랐습니다. 어떤 이의 아들이 된다는 것은 아무것도 없는 이에게도 그 아버지의 힘을 물려받게 합니다.

그러나 옥타비아누스가 카이사르의 진정한 아들이 된 것은 그가 후계자 전쟁에서 승리했기 때문만은 아닙니다. 그는 카이사르가 암살로 인해 실현하지 못했던 꿈을 계승했습니다.

그는 기원전 29년 제1시민이라는 뜻의 '프린켑스'의 지위에 오른 이후 서기 14년에 사망할 때까지 공화정 로마를 제국으로 완전히 탈바꿈해놨습니다. 군대를 감축하고, 원로원의 권한을 억제했으며, 속주들을 안정화시켰고, 도로를 정비하는 등 제국의 기초를 쌓는 일을 수행했습니다. 그가 세운 정책은 로마를 든든한 기반 위에 올려놓았습니다.

카이사르의 아들이 된다는 것은 그의 힘을 갖게 된다는 의미이기

도 하지만, 이렇게 그의 뜻을 계승한다는 의미이기도 합니다. 우리가 하나님의 아들이라 일컬음을 받는 것은 하나님에게 인정받는다는 의미입니다. 그러나 한편으로 우리가 아들답게 아버지인 하나님의 뜻을 따라야 한다는 의미이기도 합니다.

아브라함과 롯

아브라함은 75세의 나이에 하란을 떠났습니다. 이때 함께한 사람이 아내 사라와 조카 롯이었습니다. 75세가 되도록 아들이 없었던 아브라함이었습니다. 75세라면 이미 자식을 얻는 것을 포기할 나이입니다.

롯의 아버지 하란은 할아버지 데라보다 더 일찍 죽었습니다. 일찍 아버지를 잃은 조카 롯을 아브라함이 돌봤습니다. 롯도 아브라함을 아버지처럼 따랐습니다. 그런 롯이었기에 하란을 떠나는 아브라함과 동행했습니다.

아브라함이 하란을 떠난 것은 하나님의 부르심을 받았기 때문이었습니다. 하나님은 아브라함을 위해 놀라운 계획을 준비하고 계셨습니다. 하지만 사람인 아브라함은 불안함이 있었습니다. 만약 무슨 일이 생기면 롯이 자신의 일을 이어받아 주기를 바라는 마음도 있었을 것입니다. 그만큼 믿고 의지하던 조카였습니다.

그런데 이렇게 믿고 함께했던 삼촌과 조카가 벧엘에 이르렀을 때 다툼이 생겼습니다. 아브라함의 목자와 롯의 목자가 서로 다툰 것입니다. 다툼의 원인은 두 사람에게 양과 소가 너무 많아졌기 때문입니다. 많은 양과 소가 풀을 먹기에는 땅이 부족했습니다. 목자들의 다툼이 심해지자 아브라함은 견딜 수가 없었습니다.

결심을 한 아브라함은 롯을 불러 헤어지자고 말했습니다. 롯에게 "네가 오른쪽으로 가면 나는 왼쪽으로 가고, 네가 왼쪽으로 가면 나는 오른쪽으로 가겠다"창 13:9라고 말했습니다. 완전히 갈라서자는 말이었습니다. 롯은 '요단 들' 즉, 물이 넉넉하고 하나님의 동산 같은 곳을 택했고 아브라함은 가나안 땅에 머물렀습니다.

믿고 의지하며 자신의 가업을 물려주려 했던 조카가 떠났습니다. 너무나 사랑하는 조카였기에 더 좋은 곳을 주고 자신은 그보다 나빠보이는 곳에 머물렀습니다. 롯이 떠난 뒤 아브라함의 심정이 어땠을까요? 아마도 '지금껏 무엇을 했나? 앞으로 뭘 더 해봐야 뭐하나? 물려줄 사람도 없는데…' 하는 회의가 잔뜩 밀려왔을 것입니다.

그때 하나님은 "너는 눈을 들어 너 있는 곳에서 북쪽과 남쪽 그리고 동쪽과 서쪽을 바라보라. 보이는 땅을 내가 너와 네 자손에게 주리니 영원히 이르리라. 내가 네 자손이 땅의 티끌 같게 하리니 사람이 땅의 티끌을 능히 셀 수 있을진대 네 자손도 세리라. 너는 일어나 그 땅을 종과 횡으로 두루 다녀보라. 내가 그것을 네게 주리라"창 13:14~16라고 말씀하셨습니다.

하나님이 아브라함에게 보이는 모든 땅과 많은 자손을 주겠다고 약속하신 것입니다. 하란을 떠날 때도 같은 약속을 하셨는데 롯이 떠날 때 그 약속을 다시 하셨습니다. 하나님이 아브라함을 인정한 것입니다. 아브라함은 다시 힘을 얻었고 감사하는 마음에 헤브론에 있는 마므레 상수리 수풀에서 단을 쌓았습니다.

아브라함은 인간으로서 계산할 수 있는 것들을 포기했습니다. 믿었던 조카를 떠나보내면서 더 좋은 곳으로 보냈습니다. 아브라함에게 남은 것은 늙은 자기 몸과 요단 들보다 못한 땅이었습니다. 보통 사람이었다면 포기하고 살던 곳으로 돌아가는 것이 당연한 상황이었습니다.

하지만 아브라함은 그렇게 하지 않았습니다. 하나님의 약속을 믿고 175세가 되도록 하나님의 뜻을 이루기 위해 살았습니다.

아버지의 뜻을 이루기 위해 사는 것이 아들의 당연한 도리입니다. 아브라함은 하늘 아버지의 뜻을 이루기 위해 모든 것을 할 수 있었습니다. 심지어 100세가 되어 낳은 귀한 아들 이삭도 하나님이 원하신다면 제물로 바칠 수 있는 아브라함이었습니다.

그렇기에 아브라함은 모든 믿는 사람들의 조상이 될 수 있었습니다. 하나님이 인정하시고 아들 삼아주신 것은 이런 복과 함께 하나님의 뜻을 따라야 하는 의무도 우리에게 같이 주신다는 것입니다.

믿음의 조상들

야곱은 형 에서를 피해 도망하던 중에 광야에서 홀로 돌베개를 베고 밤을 새웠습니다. 그때 환상이 보이더니 하늘로부터 사다리가 내려오고 천사들이 그 위를 오르락내리락했습니다. 그리고 음성이 들려왔습니다.

"내가 너와 함께하리라. 두려워 말라. 내가 반드시 너를 고향으로 돌아가게 하리라." 창 28:15

야곱은 이 약속을 믿고 외삼촌 라반 밑에서 20년 동안 봉사했습니다. 하나님이 함께하시는데 무엇이 더 필요하겠습니까?

이스라엘을 이집트에서 이끌고 가나안 입구까지 왔던 위대한 지도자 모세가 죽었습니다. 이제 가나안에 자리 잡고 있는 여러 민족들과 힘든 전투를 벌여야 합니다. 이미 모세 시대에 열두 지파의 대표들이 가나안 땅을 정탐하고 그들과의 전투에서 이길 수가 없다고 말했던 적이 있었습니다. 그때 하나님은 여호수아에게 이렇게 말씀하셨습니다.

"네가 이 백성을 이끌고 가나안에 들어가라. 너는 강하고 담대하

라. 두려워하지 말라. 놀라지 말라. 내가 너와 함께하리라."수 1:9

이것은 하나님이 함께하신다는 말씀입니다. 여호수아는 이 말씀을 듣고 이스라엘을 이끌고 가나안을 정복했습니다.

이것이 격려요 인정입니다. 이것이 하나님의 아들이라 일컬음을 받는 복입니다. 이보다 더 중요한 복이 또 어디에 있겠습니까? 이 세상에 어떤 복이 이런 복과 비교가 되겠습니까?

이것이 일곱 번째 복입니다.

 하나님 나라와 의를 소망하며 사는 것에는 핍박이 따릅니다. 그러나 그 핍박은 예수님을 잘 따르며 산다는 증거입니다. 이럴 때 핍박은 오히려 복이 됩니다.

여덟 번째 복

의를 위하여 핍박받는 사람이 받는 복

예수님은 우리에게
심령이 가난하면서, 세상의 죄를 애통해하고, 온유한 마음을 가지고,
하나님의 의를 갈구하고, 다른 사람들을 긍휼히 여기면서,
자신의 마음을 깨끗하게 하고, 또 세상에 평화를 가져오는 사람이 되라고 하십니다.
그리고 마지막으로 이런 일을 하다가 핍박을 받으면 즐거워하라고 하십니다.
핍박을 받는데 왜 즐거워해야 합니까?
그 핍박은 우리가 예수님을 잘 따르고 있다는 증거가 되기 때문입니다.

의를 위하여 핍박받는 사람

> 의를 위하여 핍박받는 사람은 복이 있나니
> 천국이 그들의 것임이요
> 마태복음 5장 10절

〈팔복〉의 마지막 복

"의를 위하여 핍박을 받는 사람은 복이 있나니 천국이 그들의 것임이요." 〈팔복〉의 마지막은 의를 위하여 핍박받는 사람이 받는 복입니다. 여기서 이야기하는 의는 당연히 하나님의 의입니다. 하나님의 진리이며 질서이고 사회정의입니다.

예수님은 이미 〈팔복〉의 네 번째 복에서 "의에 주리고 목마른 사람은 복이 있나니 그들이 배부를 것이요"라고 말씀하셨습니다. 여기서 말하는 의도 하나님의 성품인 의입니다. 하나님은 공의롭고 바른 성품을 가지셨습니다. 우리는 하나님의 의가 없으면 주리고 목마를 것 같이 찾아야 합니다. 하나님은 그의 의를 갈망하는 사람에게 영혼이 만족함과 기쁨으로 가득 차게 되는 복을 주십니다. 이것이 네 번째 복입니다.

예수님은 이미 여기서 '의'에 대해 이야기하셨는데 다시 여덟 번째 복에서 의를 이야기하고 계십니다. 그것도 〈팔복〉의 가장 마지막에 말입니다. 왜 그러셨을까요?

우리는 여덟 번째 복이 그냥 의에 대해 이야기하는 것이 아니라 의를 위하여 '핍박받는 사람'에 대해 이야기하고 있다는 것에 주목해야 합니다.

핍박을 예견하신 예수님

예수님은 자신과 자신을 믿는 사람들이 핍박을 받을 것을 알고 계셨습니다. 예수님은 제자들을 세상에 파송하면서 "사람들을 삼가라. 그들이 너희를 공회에 넘겨주겠고 그들의 회당에서 채찍질하리라. 또 너희가 나로 말미암아 총독들과 임금들 앞에 끌려가리니 이는 그들과 이방인들에게 증거가 되게 하려 하심이라"[마 10:18]라고 말씀하셨습니다.

예수님은 제자들이 장차 공회나 총독, 임금들 앞에 끌려갈 것을 알고 계셨습니다. 회당에 모인 사람들이 제자들을 채찍질할 것을 알고 계셨습니다. 이 핍박은 단순한 핍박이 아니라 "그들과 이방인들에게 증거가 되게 하려는" 하나님의 뜻이 담긴 핍박이었습니다. 하나님과 예수님의 뜻은 제자들이 핍박을 당하는 가운데 세상에 전파됩니다. 예수님은 제자들에게 그런 일을 당할 때 염려하지 말라고 하셨습니다.

"그때에 너희에게 할 말을 주시리니 말하는 이는 너희가 아니라 너희 속에서 말씀하시는 이 곧 너희 아버지의 성령이시니라."마 10:19~20

하나님의 성령이 제자들을 통해 사람들을 감동시켜 하나님을 전할 것이라고 말씀하십니다. 그리고 마지막으로 우리가 핍박을 어떻게 대처해야 하는지에 대해 말씀하셨습니다.

"또 너희가 내 이름으로 말미암아 모든 사람에게 미움을 받을 것이나 끝까지 견디는 사람은 구원을 얻으리라. 이 동네에서 너희를 박해하거든 저 동네로 피하라."마 10:22~23

예수님은 제자들에게 핍박을 받거든 그 핍박에 저항하라고 하지 않으셨습니다. '우리가 정말 좋은 복음을 전하는데 왜 이 사람들은 복음을 거부할까?'하며 원망하라고 하지 않으셨습니다. 그 미움을 끝까지 견디라고 하셨습니다. 그러면 구원을 얻을 것이라고 하셨습니다. 또 어떤 곳에서 박해를 받으면 다른 곳으로 피하라고 하셨습니다.

우리를 미워하거나 핍박하는 사람들과 싸우거나 저항하는 것은 예수님의 말씀과 다른 방식입니다. 우리는 그 핍박을 견디고 피해야 합니다. 그것은 이미 일곱 번째 복에서 말씀하셨던 '화평'을 가져오는 길이기도 합니다.

예정된 핍박

예수님이 사셨던 시대의 이스라엘은 로마의 지배를 받고 있었습니다. 여러 신을 믿는 로마와 하나님만 섬기는 이스라엘은 여러 가지 면에서 달랐습니다. 로마는 황제를 신격화해서 그 신을 섬기라고 이스라엘 사람들에게 요구했습니다.

로마의 입장에서는 세상에 신이 이렇게나 많은데 황제가 신이 되는 것은 하나도 이상할 것이 없는 일이었습니다. 로마 사람들은 황제를 신으로 인정하지 않는 것은 로마제국에 대해 불만을 가지고 있는 것으로 간주했습니다. 일본 제국주의가 우리에게 신사참배를 강요했던 것과 비슷한 일입니다.

당시 이스라엘의 지배층이었던 사두개인과 바리새인들은 이스라엘이 이런 고난을 받고 있는 것은 하나님께 죄를 지었기 때문이라고 생각했습니다. 율법으로 돌아가서 철저하게 지키는 것이 죄를 속죄하는 방법이라고 생각했습니다. 여기까지는 나쁘지 않았지만 그 다음이 문제였습니다.

특히 바리새인들은 율법의 정신은 잃어버리고 그저 그 규정을 지

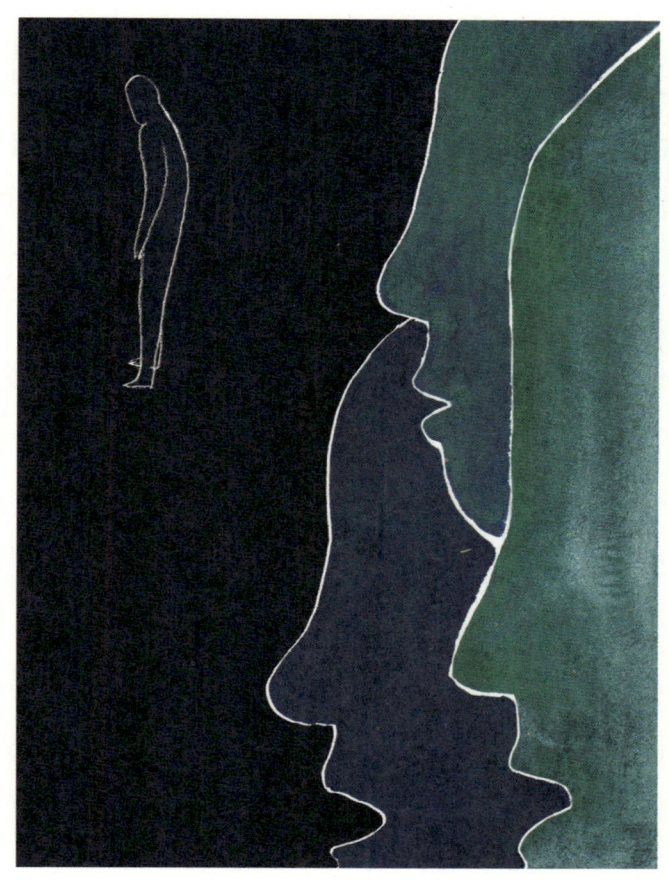

키는 데만 열중이었습니다. 안식일을 지키라는 규정을 지키기 위해 안식일에는 아픈 사람이 치료받는 일도 외면할 정도였습니다. 자신들만 하나님의 뜻을 따르는 의인이라고 생각했고 다른 사람들을 무시했습니다. 하지만 로마가 이스라엘을 지배하는 데 실질적으로 협력하고 있는 이들은 바로 이들 바리새인과 사두개인들이었습니다. 로마가 이스라엘을 지배하면서 협력 파트너 역할을 했던 산헤드린 공회의 주요 구성원이 사두개인과 바리새인이었던 것입니다.

예수님은 율법의 근본정신인 하나님의 긍휼을 따를 것을 이야기하셨습니다. 사두개인들이나 바리새인들이 보기에 이것은 율법을 파괴하는 일에 가까웠습니다. 바리새인들은 예수님을 미워하고 박해할 수밖에 없었습니다.

로마제국 시대에 실제로 압박을 받고 있던 사람들은 평범한 이스라엘 사람들이었습니다. 로마는 속주들에게 세금과 병력 등을 요구했습니다. 세리들에게 세금을 걷을 권한을 넘겼습니다. 세리들은 부과된 금액보다 더 많이 걷기도 하고, 당장 세금 낼 돈이 없는 사람들에게 고리대금을 놓아서 자신들의 몫을 챙겼습니다. 그 와중에 많은 사람들의 삶이 어려워졌습니다.

이스라엘도 예외가 아니었습니다. 어렵고 힘든 삶에 지친 이스라엘 사람들은 열심당을 조직했습니다.

열심당은 이스라엘을 다스릴 수 있는 사람은 다윗왕의 자손뿐이라고 하면서 메시아를 기다렸습니다. 또 로마가 힘으로 이스라엘을 탄압한 것에 맞서 힘으로 저항했습니다. 곳곳에서 테러를 했는데 종종 로마에 협조하는 이스라엘 지배층도 열심당의 테러 대상이었습니다.

열심당원들은 예수님이 메시아라고 생각하며 환영했습니다. 그러나 예수님이 힘이 아닌 말씀을 통해 긍휼과 화평을 이야기하시자 예수님을 버렸습니다. 바리새인들과 함께 예수님에게 십자가를 지워 골고다로 보냈습니다.

당시 유대인의 세계에서 예수님은 지배층인 바리새인들에게도 핍박을 받으셨고, 평범한 이스라엘 사람들인 열심당원들에게도 핍박을 받으셨습니다. 예수님을 따르는 제자들도 당연히 예수님과 마찬가지로 핍박을 받을 수밖에 없었습니다.

하지만 예수님이 말씀하신 길이 진짜 하나님의 의를 지키는 길이었고 그것이 진정한 하나님의 나라로 갈 수 있는 길이었습니다.

박해를 즐겨라

핍박이 뻔히 예정된 상황에서 제자들을 세상에 보내는 예수님은 그 핍박이 오히려 복이라고 말씀하십니다. 〈팔복〉을 이야기하시는 마지막에 '의를 위하여 핍박받는 사람'이 받는 복을 말씀하시면서 특별히 다음 구절을 덧붙이셨습니다.

"나로 말미암아 너희를 욕하고 박해하고 거짓으로 너희를 거슬러 모든 악한 말을 할 때에는 너희에게 복이 있나니. 기뻐하고 즐거워하라. 하늘에서 너희의 상이 큼이라. 너희 전에 있던 선지자들도 이같이 박해하였느니라."마 5:11~12

누가복음에서도 "인자로 말미암아 사람들이 너희를 미워하며 멀리하고 욕하고 너희 이름을 악하다 하여 버릴 때에는 너희에게 복이 있도다. 그날에 기뻐하고 뛰놀라. 하늘에서 너희 상이 큼이라. 그들의 조상들이 선지자들에게 이와 같이 하였느니라"눅 6:22~23라고 같은 말씀을 하셨습니다.

그리고 마지막에 "모든 사람이 너희를 칭찬하면 화가 있도다. 그들의 조상들이 거짓 선지자들에게 이와 같이 하였느니라"눅 6:26라고 하셨습니다.

왜 박해를 받으면 즐거워해야 합니까? 그것은 박해를 받는 것은 우리가 예수님을 잘 따라가고 있다는 증거이기 때문입니다. 예수님의 말씀은 세상이 생각하는 것과 모순된 경우가 많습니다. 그것은 예수님 당시에도 그랬고 오늘날도 마찬가지입니다.

세상은 심령이 가난한 자를 좋아하지 않습니다. 세상은 애통해하고, 온유한 사람을 원하지 않습니다. 하나님의 의에 주리고 목마르거나 다른 사람을 긍휼히 여기는 사람을 좋아하지 않습니다. 마음이 청결하거나 평화를 위해 애쓰는 사람을 원하지 않습니다. 세상은 힘으로 싸워서 자기 것을 쟁취하거나 지키는 사람을 원합니다. 그런 사람들이 땅을 갖고 배부름을 얻을 것이라고 생각합니다.

하지만 예수님은 〈팔복〉에서 우리에게 심령이 가난하면서, 세상의 죄를 애통해하고, 온유한 마음을 가지고, 하나님의 의를 갈구하고, 다른 사람들을 긍휼히 여기면서, 자신의 마음을 깨끗하게 하고 또 세상에 평화를 가져오는 사람이 되라고 하십니다. 그리고 마지막으로 이런 일을 하다가 핍박을 받으면 즐거워하라고 하십니다. 이 모든 것들이 세상과 다른 이야기들입니다.

우리가 예수님의 이 말씀을 잘 따르면 당연히 세상의 핍박을 받게 됩니다. 그러나 그 핍박은 우리가 예수님을 잘 따르고 있다는 증거가 됩니다.

바울의 자기 자랑

바울은 많은 그리스도인이 가장 좋아하고 존경하는 사도입니다. 그는 많은 교회를 개척했고, 신약 성경의 많은 부분을 썼으며, 많은 사람들을 예수님께로 인도했습니다. 오늘날 우리가 예수님을 믿게

된 것도 바울이 로마로 갔기 때문입니다.

　사도는 예수님을 직접 본 사람들입니다. 초대 교회에서 사도들의 권위는 절대적이었습니다. 바울은 다메섹으로 가는 길에 예수님을 만나 변화됐습니다. 바울은 이때 이방인에게 예수님의 말씀을 전할 사도로 선택받았습니다. 바울은 이것을 근거로 스스로를 사도라고 했습니다.

　하지만 바울에게 무슨 근거로 사도라고 주장하며 이방인 전도에 나서느냐고 물어보는 사람이 있었습니다. 바울은 이 물음에 항상 고민이 많았습니다. 그래서 그의 서신 중 많은 서신이 "하나님의 뜻으로 말미암아 그리스도 예수의 사도 된 바울은"엡 1:1이라는 식으로 자신이 사도라는 것을 강조하는 문구로 시작됩니다.

　이런 바울이 작심하고 "여러 사람이 육신을 따라 자랑하니 나도 자랑하겠노라"고후 11:18라고 하며 자기 자랑을 시작했습니다.

　바울은 자랑할 것이 많은 사람이었습니다. 그는 우선 로마 시민이었습니다. 로마의 지배하에 있는 나라에서 로마 시민이라는 것은 대단한 특권이었습니다.

　또 바울은 정통 바리새인으로 태어나서 훌륭한 교육을 받고 자랐습니다. 그의 스승은 산헤드린에서 영향력이 큰 랍비 가말리엘이었습니다. 가말리엘은 당대 최고의 율법학자이면서 많은 사람들의 존

경을 받았습니다. 집안도 학벌도 최고인 바울이었습니다.

하지만 바울의 자기 자랑은 그런 것이 아니었습니다. 바울은 "내가 수고를 넘치도록 하고 옥에 갇히기도 더 많이 하고 매도 수없이 맞고 여러 번 죽을 뻔하였으니, 유대인들에게 사십에서 하나 감한 매를 다섯 번 맞았으며 세 번 태장으로 맞고 한 번 돌로 맞고, 세 번 파선하고 일주야를 깊은 바다에서 지냈으며, 여러 번 여행하면서 강의 위험과 강도의 위험과 동족의 위험과 이방인의 위험과 시내의 위험과 광야의 위험과 바다의 위험과 거짓 형제 중의 위험을 당하고, 또 수고하며 애쓰고 여러 번 자지 못하고 주리며 목마르고 여러 번 굶고 춥고 헐벗었노라"고후 11:23~27라고 자기 자랑을 했습니다.

온통 맞고, 죽을 뻔하고, 위험을 당했다는 이야기뿐입니다. 바울은 다른 모든 것을 던져놓고 자신이 핍박을 받았다는 것을 자랑으로 삼았습니다. 그것은 핍박을 예수님을 잘 따르고 있다는 증거로 생각했기 때문입니다. 바울에게는 그것이 다른 어떤 것보다 사도됨의 증거였습니다.

의로운 자의 외로움

예수님 말씀대로라면 참된 복을 누리려는 사람은 세상적인 기준으로 보면 불행해질 수 있습니다. 세상적인 복을 누리기는커녕 고난에 빠질 위험이 큽니다. 오히려 세상이 행복하다고 말하는 조건을 다 잃을 수도 있습니다.

그럼에도 그렇게 사는 자가 복이 있는 자라고 말씀하십니다. 사람이 물질적인 복을 너무 찾으면 실망하게 됩니다. 주어져도 만족이 없고 주어지지 않으면 더 실망하게 됩니다. 그래서 예수님은 "무엇을 먹을까 무엇을 마실까 무엇을 입을까 하지 말라"마 6:31라고 말씀하셨습니다. 먹을 것, 마실 것, 입을 것을 염려하지 말라고 하시면서 "너희는 먼저 그의 나라와 그의 의를 구하라. 그리하면 이 모든 것을 너희에게 더하시리라"마 6:33라고 말씀하셨습니다.

우리가 하나님의 나라를 소망하고 하나님의 의를 구하면 하나님이 먹을 것, 마실 것, 입을 것을 더해주신다는 말씀입니다.

예수님을 잘 따른다는 것은, 하나님의 나라와 그의 의를 구한다는 것은 세상이 바라는 것과 다른 삶을 산다는 것을 의미합니다. 거기에는 핍박이 따릅니다. 그러나 그 핍박은 우리가 예수님을 잘 따르고 하나님의 나라와 의를 제대로 소망하며 살고 있다는 증거입니다. 이럴 때 핍박은 오히려 복입니다.

우리는 먼저 하나님의 나라와 의를 위해서 분투해야 합니다. 진정 예수님의 제자가 되면 복의 개념이 이렇게 변화됩니다. 그리고 그 안에서 복을 이해하고 누리고 기뻐하게 됩니다.

천국이 그들의 것임이요

> 의를 위하여 핍박받는 사람은 복이 있나니
> 천국이 그들의 것임이요
> *마태복음 5장 10절*

박해받는 자의 복

의를 위하여 핍박받는 사람이 누릴 복은 "천국이 그들의 것"이 되는 복입니다. 복으로 주어지는 천국은 이미 〈팔복〉의 처음에 등장했습니다. 첫 번째 복에서 심령이 가난한 사람에게 주어지는 복이 "천국이 저희 것임이요"였습니다. 그런데 마지막 여덟 번째 복도 "천국이 그들의 것임이요"입니다. 〈팔복〉의 시작과 끝에 주어지는 복이 모두 '천국'입니다.

〈팔복〉에서 이야기하는 천국은 두 가지가 있습니다. 하나는 마음이 가난한 사람이 갖게 되는 천국입니다. 마음이 가난하다는 말은 세상적인 모든 것을 비우는 것을 말합니다. 그 가난한 마음 안에 하나님을 사모하는 마음을 가득 채우는 것을 말합니다.

두 번째 천국은 예수 때문에 박해받고 고난받는 사람에게 보상으로 주어지는 천국입니다. 천국은 그냥 가는 곳이 아닙니다. 공짜로 가는 곳도 아닙니다. 많은 고난자들, 순교자들, 믿음의 선배들이 간 곳이 천국입니다. 그들은 고난과 핍박과 수난을 받았고, 어떤 분들은 피 흘림으로 순교했습니다. 그들이 천국에 가는 것은 당연한 일입니다.

바울은 "이제 후로는 나를 위하여 의의 면류관이 예비되었을 것"딤후 4:8이라고 고백합니다. 천국은 수고한 사람에게 주어지는 상급이고 보상입니다.

한편으로 세 번째 온유한 자가 누릴 복에서 기업으로 주시는 땅에도 천국의 의미가 있습니다. 이렇게 보면 예수님이 말씀하신 〈팔복〉 중에서 세 가지나 천국과 관련된 복입니다.

선지자들의 외침

아모스 선지자는 왕족도 아니고 제사장 집안 출신도 아니었습니다. 그는 스스로의 고백처럼 "선지자가 아니며 선지자의 아들도 아니라" "목자요, 뽕나무를 재배하는 자"암 7:14였습니다. 아모스 선지자가 활동하던 때에 북이스라엘은 여로보암 2세가 다스렸고, 남유다는 웃시야 왕이 다스렸습니다. 이 시기에 두 왕국은 아시리아와 이집트가 힘을 겨루는 가운데서 불안한 평화를 누렸습니다.

하지만 웃시야 왕이 그랬던 것처럼 여로보암 2세는 이 평화가 자신들의 힘에 의해 얻어진 것으로 착각하면서 교만에 빠졌습니다. 왕을 따라 이스라엘 왕국의 지배층 사람들 모두가 교만해져서 하나님의 의를 버리고 사치와 방탕한 생활에 젖어들었습니다.

이스라엘 사람들은 "상아 상에 누우며 침상에서 기지개를 켜며, 양 떼에서 어린 양과 우리에서 송아지를 잡아서 먹고, 비파 소리에 맞추어 노래를 지절거리며, 다윗처럼 자기를 위하여 악기를 제조하며, 대접으로 포도주를 마시며, 귀한 기름을 몸에 바르는"암 6:4-6 사치스런 생활을 즐겼습니다.

부자들은 "가난한 자를 삼키며 땅의 힘없는 자를 망하게 하려"암 8:4고 했고, "에바를 작게 하고 세겔을 크게 하여 거짓 저울로 속이는"암 8:5 등 온갖 부패를 저질렀습니다. 또한 "은을 받고 의인을 팔며, 신 한 켤레를 받고 가난한 자를 팔며, 힘없는 자의 머리를 티끌 먼지 속에 발로 밟고, 연약한 자의 길을 굽게 하며, 아버지와 아들이 한 젊은 여인에게 다녀서 내 거룩한 이름을 더럽히며, 모든 제단 옆에서 전당 잡은 옷 위에 누우며 그들의 신전에서 벌금으로 얻은 포도주를 마시는"암 2:6-8 등 온갖 나쁜 짓을 일삼았습니다.

아모스 선지자는 하나님의 말씀을 받고 이스라엘의 성지인 벧엘로 가서 이스라엘의 타락을 비판했습니다. 그리고 앞으로 이스라엘이 받을 하나님의 심판을 이야기했습니다. 이때 아모스는 "오직 정의를 물 같이, 공의를 마르지 않는 강 같이 흐르게 할지어다"암 5:24라고 외쳤습니다. 하지만 그에게 돌아온 것은 핍박뿐이었습니다. 아모스는 벧엘에서 쫓겨났습니다.

아모스 선지자 외에도 엘리야, 이사야, 예레미야, 에스겔, 말라기와 같은 선지자 모두 사회정의를 외쳤습니다. 그러다가 그들은 한결같이 핍박을 받았습니다. 예수님 당시 세례요한도 사회정의를 줄기차게 외치다가 죽임을 당했습니다. 이들은 모두 행동하는 영성가들이었습니다.

아무 일도 하지 않는 사람에게 핍박은 일어나지 않습니다. 세상에 의를 심기 위해 열심히 행동하니까 핍박을 받게 되는 것입니다. 그렇기에 참된 복은 하나님의 의를 이루기 위해 스스로 가난해지고 약해지고 낮아지고 고생의 길을 가는 사람에게 주어집니다.

가만히 있는데 하나님이 저절로 복을 내려주신다고 생각하면 큰 오산입니다. 그리스도인은 물질적인 복을 갈망하기보다 영적인 복을 갈망해야 합니다. 하나님의 뜻을 찾고 이웃의 아픔에 동참하며 사명을 온전히 이루기 위해서 노력해야 합니다.

그렇게 살면 만사형통이 주어지는 것이 아닙니다. 오히려 만사불통이 기다릴 수 있습니다. 하지만 하나님의 의를 위하여 그 불통의 길을 기꺼이 가는 것이 그리스도인의 삶입니다.

마틴 루터 킹의 꿈

마틴 루터 킹의 아버지인 마틴 루터 킹 시니어도 목사님이었습니다. 유명한 아들 때문에 대디 킹이라고 불리는 킹 목사님은 미국 남부 애틀랜타에 있는 에베니저 교회에서 목회를 하고 있었습니다. 에베니저 교회는 흑인 특유의 감수성이 충만한 신앙을 가지고 있었습니다. 대디 킹 목사도 카리스마가 넘치고 힘 있는 설교를 하는 목사님이었습니다.

당시 미국에서 살면서 인종차별을 전혀 경험하지 않고 살 수는 없었습니다. 하지만 아버지가 애틀랜타 흑인 사회에서 이름이 널리 알려진 목사님이었고, 아들에게 자신의 교회를 물려주기를 원했기 때문에 킹의 앞날은 보장된 것이나 다름없었습니다.

그러나 킹은 아버지를 떠나 다른 삶을 경험해보기를 원했습니다. 애틀랜타의 모어하우스 칼리지를 졸업한 다음 아버지를 떠나 펜실베이니아에 있는 크로저 신학교에 입학했습니다. 이곳에서 킹은 보통 흑인의 삶을 경험했고, 하나님의 정의를 실현하려면 자신이 어떻게 살아야 하는지 진지하게 고민했습니다.

보스턴 대학교에서 박사를 받은 뒤 함께 목회를 하자는 아버지의 제안을 거절하고 몽고메리에 있는 덱스터 애버뉴 침례교회의 담임 목사님으로 부임했습니다. 몽고메리에 부임한 지 1년도 되지 않아 버스에서 백인에게 자리를 비켜줄 것을 거부한 흑인 소녀가 체포된 사건이 일어났습니다. 흑인들은 소녀의 석방과 버스에서 흑백차별을 없애달라는 요구를 몽고메리 시장에게 했습니다.

하지만 백인 시장은 그 요구를 거부했고 흑인들은 버스 승차 거부 운동으로 맞섰습니다. 킹 목사님은 승차 거부 운동의 지도자 중 한 사람으로 활약했습니다.

버스가 없으면 이동이 불편한 가난한 흑인들이 많아서 운동이 중단될 뻔도 했습니다. 이처럼 어려운 시기에 킹 목사님은 한밤중에 부엌에서 기도를 하다가 '공의를 위해 일어서라'는 예수님의 음성이 들려오는 경험을 했습니다. 이 경험에 힘입어 킹 목사님은 평생 흑인 민권운동에 소명감을 갖게 됐습니다.

승차 거부 운동은 1년이 넘게 계속됐고, 1956년 연방대법원이 시의 조례가 위헌임을 판결하면서 흑인들의 승리로 끝났습니다. 이 기간 동안 귀족적인 당당한 풍모를 가진 젊은 흑인 목사님의 호소력 있는 모습이 전국에 중계됐습니다.

몽고메리에서의 승리로 킹 목사님은 흑인 민권운동의 상징이 됐습니다. 목사님은 올버니와 버밍햄, 보스턴 등 미국 전역을 돌아다니며 흑인들의 민권운동을 지원했습니다.

당시에 말콤 엑스Malcolm x와 같은 급진적인 흑인 지도자들은 폭력으로 백인들에 맞서자는 주장을 했습니다. 극심한 인종차별을 경험했던 많은 흑인들은 말콤 엑스 같은 사람들의 생각에 찬성하기도 했습니다.

하지만 킹 목사님은 간디가 인도의 독립을 얻어낸 것을 예로 들면서 흑인 민권운동도 끝까지 비폭력으로 전개되어야 한다고 주장했고 암살될 때까지 그것을 실천했습니다. 흑인 민권운동에 기여한 킹 목사님은 1963년 노벨평화상을 받았습니다.

목사님은 민권운동을 하면서 경찰들에게 구타당하고 감옥에 수차례 투옥됐습니다. 백인 인종차별주의자들에게 수없이 협박을 받았습니다. 주변 사람들에게 암살될까 봐 두렵다는 고백을 할 정도였습니다. 베트남전 반대 운동을 하던 1968년 맴피스에서 극우파 백인의 총에 맞아 암살됐습니다.

마틴 루터 킹 목사님은 하나님의 의를 실현하기 위해 노력했습니다. 그리고 의를 실현하는 과정에서 비폭력 투쟁을 원칙으로 삼았습니다. 분노하는 많은 흑인들에게 백인들을 용서할 것을 요청했습니다. 마틴 루터 킹 목사님은 하나님의 의를 위해 핍박받는 삶을 살았습니다.

1963년 워싱턴에서 열린 평화행진에서 킹 목사님은 '나는 꿈이 있습니다'라는 제목의 유명한 연설을 했습니다.

"나는 꿈이 있습니다. 언젠가 이 나라가 모든 인간은 평등하게 태어났다는 것을 분명한 진실로 받아들이고, 그 진정한 의미를 신조로 살아가게 되는 날이 오리라는 꿈입니다."

이 연설은 그가 꿈꾸던 천국의 모습을 이야기합니다.

현재 미국에 인종차별 문제가 완전히 사라졌다고 보기는 힘듭니다. 하지만 흑인 대통령이 탄생할 정도로 흑인들의 민권이 향상됐습니다. 킹 목사님이 활동하던 시절에는 꿈도 꿀 수 없던 일이었습니다. 킹 목사님은 하나님의 의를 위해 핍박을 받았습니다. 그리고 그 의가 실현되는 세상을 꿈꿨습니다.

바울의 천국

초대교회 사람들 중 일부가 바울을 보고 초라하고 가난하다고 흉을 보았습니다. 화려하게 웅변하고 돌아다닌 아볼로는 박수와 환호를 받았습니다. 바울은 아볼로에 비하면 명성도 없는 초라한 전도자였습니다.

고린도 교회에 보낸 두 번째 편지에서 바울은 고린도 교회의 사람들에게 하나님의 은혜를 헛되이 받지 말라고 하면서 다음과 같이 말합니다.

"우리는 속이는 자 같으나 참되고, 무명한 자 같으나 유명한 자요, 죽은 자 같으나 보라 우리가 살아 있고, 징계를 받는 자 같으나 죽임을 당하지 아니하고, 근심하는 자 같으나 항상 기뻐하고, 가난한 자 같으나 많은 사람을 부요하게 하고, 아무것도 없는 자 같으나 모든 것을 가진 자로다." 고후 6:8-10

예수님을 따라가는 삶은 속이고, 무명하고, 죽은 자 같고, 징계 받는 자 같으며, 근심하는 자 같고, 많은 사람을 부요하게 하고 아무것도 없는 삶 같이 보입니다. 하지만 그것은 하나님 나라 즉 천국 안에서 참되고, 유명하며, 살아 있고, 죽임을 당하지 아니하고, 항상 기뻐하며, 모든 것을 갖게 되는 삶입니다.

하나님과 연합하여 하나님 안에서 자신의 소명을 발견하고 그것을 이루며 살려고 노력하면 이 모든 것이 이뤄집니다. 또한 그로 얻는 기쁨은 다른 어떤 것과도 비교할 수 없습니다. 그때는 어떤 고생도 유혹도 이 기쁨을 아는 사람을 흔들 수 없습니다. 예수님이 그렇게 살았고 바울과 스데반이 그렇게 살았습니다. 그것이 바로 하나님의 나라 즉, 천국입니다.

하나님이 주시는 천국을 바라보고 사는 사람은 물질적 풍요를 목표로 삼지 않습니다. 하나님이 주시는 물질로 자족합니다. 하나님 안에서 살면 하나님이 물질로 풍요롭게 할 것이라는 기대도 하지 않습니다.

오히려 형통하고 많이 주어질 때 더 긴장합니다. 그래서 더 단순한 삶을 살게 되고 빚진 자의 삶을 살게 되고 더 검소한 삶을 살아가게 됩니다. 그것이 제자의 삶이고 진정 행복한 사람입니다. 그것이 천국에서의 삶입니다.

그리스도인의 삶

오늘 그리스도인들은 수고하려고 하지 않습니다. 그러면서도 천국은 가고 싶어 합니다. 천국을 제대로 알지 못해서 그렇습니다.

한 남자가 이렇게 기도했습니다.

"나로 하여금 스데반처럼 눈이 열려서 하늘의 하나님을 보게 하시고, 베드로처럼 기적을 행하게 하시고, 바울처럼 독사에 물려도 상함이 없게 하소서."

그런데 그때 음성이 들려왔습니다.

"그러려면 스데반처럼 돌에 맞아야 하고, 베드로처럼 감옥에 가야 하고, 사도 바울처럼 채찍에 맞고 감옥에 갇히고 명예를 헌신짝처럼 버려야 하는데 할 수 있겠느냐?"

그는 그 음성을 듣고 "한번 생각해보겠습니다"라고 말했다고 합니다.

천국은 아무나 가는 곳이 아닙니다. 공짜로 가는 곳도 아닙니다. 천국은 예수 때문에 그리고 의를 위해서 고난도 마다하지 않는 사람들에게 주어지는 상급입니다.

그렇다면 모두 채찍에 맞고 돌에 맞고 순교해야만 천국에 가는 것일까요? 예수님이 말씀한 핍박은 반드시 순교만을 의미하지 않습니다. 하나님의 의를 지키는 삶을 살면 됩니다.

〈팔복〉에서 말씀한 것들을 우리가 지키면 됩니다. 우리의 심령을 가난하게 하고, 나와 다른 사람들과 세상의 죄를 애통하게 생각하고, 온유한 자가 되며, 하나님의 의에 주리고 목마르고, 모든 사람을 긍휼히 여기고, 자신의 마음을 청결하게 지키는 데 힘쓰며, 세상에 평화를 가져오는 삶을 살면 됩니다. 그리고 이 모든 것을 이루기 위해 핍박을 받을 때도 기뻐하며 살아가면 됩니다. 모든 사람이 그런 삶을 살면 천국은 이뤄집니다.

우리 그리스도인들은 그 천국을 이루기 위해 먼저 헌신하면서 핍박을 감수하는 사람입니다. 심령의 가난함도, 죄의 애통도, 온유도, 의에 주리고 목마름도, 긍휼히 여김도, 마음의 청결도, 화평도 다른 사람보다 먼저 구하고 그것을 위해 힘쓰는 사람입니다. 그래서 하나님의 나라와 그의 의를 이루려고 노력하는 사람입니다. 천국은 그런 사람들에게 주어지는 복입니다.

특별히 의를 위하여 핍박받는 자의 복이 〈팔복〉의 마지막에 나온 이유도 이것입니다. 첫 번째 복부터 일곱 번째 복까지 모든 복을 받으려고 하다보면 당연히 핍박이 주어집니다. 그런데 그 핍박은 천국을 이루기 위한 조건입니다. 핍박을 즐거워하고 견뎌야만 천국을 이룰 수 있습니다. 그것이 바로 예수님을 따라가면서 하나님의 의를 이루는 그리스도인의 삶입니다.

그렇기 때문에 예수님이 "의를 위하여 핍박받는 사람은 복이 있나니 천국이 그들의 것"이라고 말씀하신 것입니다.

| 에필로그 |

예수님처럼 프로로 사는, 그 길

지금까지 복 있는 사람에 대해 말씀을 나눴습니다. 결론을 말하자면 '예수님의 제자로 살아야 한다'는 것입니다. 예수님의 제자는 아마추어가 아니고 프로입니다. 프로가 되려면 때로 손해도 감수해야 합니다. 어설프게 남의 흉내나 내는 그런 감동 없는 삶이 되어서는 안 됩니다.

어느 설렁탕집에 손님들이 북적댔습니다. 그 집은 좋은 재료만 사용했기 때문입니다. 그것을 알고 찾아온 손님들은 마치 자기 집에서 밥을 먹는 것처럼 안심하고 식사를 즐겼습니다. 그런데 어느 날, 설렁탕집 주인이 뼈를 솥에 넣고 밤새 고았는데 검은 국물이 나왔습니다. 뼈를 사온 정육점에 항의를 했더니 다른 집으로 갈 저급품과 바뀌었다는 것입니다. 그리고 국물에 프림을 조금 넣으면 검은색이 없어진다는 요령을 알려주었습니다. 설렁탕집 주인은 가게 문을 닫고, 문 앞에 이렇게 써 붙였습니다.

'오늘은 재료가 나빠서 장사를 안 합니다.'

이런 상술을 '버즈 마케팅buzz marketing(입소문 홍보)'이라고 합니다. 실제로 일부러 그렇게 하는 집도 있다고 합니다. 그러나 이 설렁탕집은 상술이 아니었습니다. 밤새워 끓인 국물도 다 버렸고, 하루 수입도 포기해야 했습니다. 그런데 이 일이 입소문을 타고 전국에 퍼졌고, 그 집은 더 많은 손님들로 문전성시를 이루었습니다.

이것이 프로의 자세입니다.

누구나 손해를 본다고 꺼리는 일도 그것이 옳다고 생각하면, 주저 없이 밀어붙이는 것이 프로입니다. 그렇게 하면 당장에는 손해를 보는 것 같아도 결과적으로 더 큰 만족을 얻게 됩니다. 오늘 우리 예수님의 제자들, 하나님의 사람들은 이 프로정신을 발휘해야 합니다.

어느 보험회사에 승진인사가 있었습니다. 사장은 실력이 유능한 K부장을 임원으로 승진시키려고 했습니다. 그런데 이 회사는 임원이 되려면 반드시 세례를 받아야 한다는 규정이 있었습니다. 하지만 안타깝게도 K부장은 최고의 보험 세일즈맨이었지만, 아직 하나님을 알지 못하는 사람이었습니다. 사장이 K부장을 꼭 승진시키고 싶다고 하자, 전무가 책임지고 세례를 받게 하겠다고 나섰습니다. 전무는 아주 유명한 목사님에게 찾아가서 K부장의 이야기를 했습니다. 목사님은 흔쾌한 마음으로 K부장과 만났습니다. 회의실로 들어간 두 사람은 5시간이 지나도록 나오지 않았습니다. 한참 만에 목사님이 땀을 뻘뻘 흘리며 먼저 나왔습니다. 밖에서 기다리던 전무가 물었습니다.

"목사님, K부장이 세례를 받기로 했습니까?"

목사님이 기가 막히다는 표정으로 대답했습니다.

"말도 마세요, 세례는커녕 제가 1억 원짜리 생명보험에 들었습니다."

오늘 우리 그리스도인에게 필요한 것이 바로 이 K부장과 같은 프로정신입니다. 우리가 진짜 예수님의 제자가 되려면 프로정신을 가져야 합니다. 프로정신을 가진 그리스도인은 헛되고 거짓된 것에 뜻을 두지 않습니다. 단단한 실력과 내공을 기릅니다.

우리에게 이런 프로의식이 없으니까 매사가 어설프고 그 삶에 감동이 없는 것입니다. 예수님은 우리 그리스도인들이 진정한 제자가 되기를 원하십니다.

'산상수훈'의 복 있는 사람에 대한 말씀은 바로 그 구체적인 길이라고 할 수 있습니다. 예수님은 크게 여덟 가지를 말씀하셨습니다. 그 내용을 보면 모두가 파격적입니다. 세상 기준과 같지 않습니다.

우리의 눈은 지나치게 보이는 것에 익숙해져 있습니다. 보이는 것만 최고인 줄로 알고 거기에 집착하며 살아갑니다. 그런데 예수님은 그것을 뛰어넘는, 그러니까 당장에는 보이지 않지만 결국에는 예수님의 진정한 제자로 살면서 하나님 나라의 영광을 이룰 수 있는, 여덟 가지 복된 길을 가르쳐주셨습니다.

누가 복 있는 사람이라고 하셨습니까?

바로 '마음이 가난한 사람'입니다. 또 세상의 죄와 나의 무능에 대해 애통하는 자가 복이 있다고 하셨습니다.

그리고 온유한 사람과,

의에 주리고 목마른 사람,

긍휼히 여기는 사람,

마음이 청결한 사람,

화평을 이루는 사람,

의를 위하여 핍박받는 사람이 복이 있다고 하셨습니다.

이 여덟 가지 복, 〈팔복〉을 따라 사는 것이 진짜 프로정신을 가진 예수님의 제자가 되는 길입니다.

예수님은 오늘, 우리를 그 길로 부르셨습니다.